KB054096

노트북 인생

꿈을 펼치는 남자

노트북 인생

초판 1쇄 발행 | 2017년 11월 20일

지은이 | 박군웅
펴낸이 | 공상숙
펴낸곳 | 마음세상

주 소 | 경기도 파주시 한빛로 70 507-204

신고번호 | 제406-2011-000024호
신고일자 | 2011년 3월 7일

ISBN | 979-11-5636-168-8 (03190)

원고 투고 | maumsesang@nate.com

ⓒ박군웅, 2017

* 값 12,500원

* 마음세상은 삶의 감동을 이끌어내는 진솔한 책을 발간하고 있습니다. 참신한 원고가 있으시다면 망설이지 마시고 연락주세요.

국립중앙도서관 출판예정도서목록(CIP)

노트북 인생 / 지은이: 박군웅. – 파주 : 마음세상, 2017
  p. ;   cm

ISBN 979-11-5636-168-8 03190 : ₩12500

수기(글)[手記]

818-KDC6
895.785-DDC23   CIP2017027654

노트북 인생
꿈을 펼치는 남자

박군웅 지음

마음세상

들어가는 글

나는 노트북 수리공이며 배달원이고 수리 대행 프리랜서다. 손에 기름 때를 묻혀가며 하루에 세 가지의 일을 하면서 하루하루 버티며 살고 있다.

세상이 모두 변했는데 나만 그대로인 것 같다. 나이 마흔, 뒤돌아볼 여력도 없이 달려왔다. 한때는 선생님, 경찰관, 군인이 되고 싶었다. 나에게도 그런 꿈을 간직했던 시절이 있었다. 그때는 국어책도 되물림 받아 재활용했던 시절이었다. 유난히 책을 좋아하고 편지쓰기를 좋아했다. 돌이켜보면 그때부터 글쓰기가 나의 꿈이었던 것 같다.

가끔 나 자신에게 물어보기도 한다. '왜 작가가 되지 못했을까?' '왜 사회적으로 성공한 사람이 되지 못했을까?' 매일 세 가지의 일을 해내야 하는 고단한 삶 속에서 감동과 슬픔, 환희와 분노, 좌절과 패배 그리고 용기와 희망 등을 전하고 싶었다. 내 삶의 진실을 찾고 소통하고 싶다는 생각이 들었다.

나는 하루에 옷을 세 번 갈아입는다. 노트북 수리실에 있을 때는 깔끔하고 편안한 옷차림으로, 컴퓨터 수리 대행시에는 양복에 넥타이 차림으로, 그리고 밤에는 배달 복장으로 갈아입는다. 놀랍게도 옷차림에 따라 다른 대우를 받는다. 인정받는 기술자의 삶과 때로는 모멸감을 느낄 정도의 비루한 삶을 하루에도 몇 번씩 번갈아가며 살아가고 있다.

누군가는 한 달에 천만 원 단위의 계모임을 하고, 누군가는 몇 십억짜리 차를 타고, 누군가는 닭이 알을 까듯이 돈을 낳는다. 나도 한때는 외제차도 끌고 다녔고 호텔도 내 집처럼 들락거렸다. 하지만 지금은 밤낮 모르고 일만 해야 하는 빠듯한 삶을 살고 있다.

내가 살아온 삶의 경험을 나누고 싶다. 세상에는 이런 삶도 있다는 사실을 전하고, 함께 살아가는 사람들과 서로 힘을 주고받고 싶다.

나는 글쓰기를 배운 적도 없고, 더욱이 책을 낸다는 것은 상상도 하지 못했다. 천만 원이 넘는 글쓰기 수강료는 글을 쓰고 싶은 나로 하여금 꿈조차 꾸기 힘들다는 막막함을 안겨주기도 했다.

"세상엔 못 할 일이 없다. 결심이 생겼다면 행동으로 실행하면 된다."

어린 시절 선생님의 말씀이 귀가에 맴돌았다. 아무리 쉬운 일이라도 실행하지 않으면 허사다. 사생결단 정신이 있으면 못 할 것이 없다. 블로그에도 글을 올려봤다. 다른 사람은 알아볼 수조차 없는 수준 이하의 시를 써 보기도 했다. 잘 쓰든 못 쓰든, 내가 힘들 때마다 평온을 가져다준 것은 글쓰기다. 마음이 있으면 하늘이 돕는다고 했다. 나는 결코 글쓰기를 포기하지 않았다. 이은대 작가님을 만나 글쓰기를 배울 수 있게 됐다.

이제 나의 꿈을 시작하려고 한다. 내 삶의 솔직한 이야기를 이 책에 담았다. 힘들고 어려운 삶을 살아가는 누군가가 이 책을 읽고 작은 용기를 얻게 된다면 더 바랄 것이 없겠다.

2017년 여름,
박군웅

제1장
나는 노트북 전문가다

컴퓨터는 산업 생활, 환경, 과학 모든 영역에 활용되며
우리 삶에 절대적 영향을 준다.
나는 노트북 수리 전문가다.
더 정확히 표현하자면 노트북 메인보드, PCB 기판회로 수리 전문가다.
노트북 메인보드, PC 메인보드, 스마트폰 메인보드,
산업 장비, 냉장고, 에어컨, TV, 모니터 등
전자 회로 기반으로 하는 PCB(메인보드) 기판을 사용하는
모든 전자제품을 수리한다.
좋은 기술직이라고 부러움의 대상이 되기도 한다.
산업혁명 이후 고도의 공정기술의 제조 발전과 소형화, 일체화로 인해
수리 영역의 폭은 점점 좁아지는 추세다.
수리로 큰돈을 벌고 부자되기는 힘들지만
모든 분야에 컴퓨터 시스템의 도입은 필수적이다.
수리를 해서 먹고 사는 데는 평생의 철밥통이라 할 수 있어
좋은 직업이라고 볼 수 있다.
인간이 컴퓨터를 개발하고 시스템을 제어하지만,
로봇, 인공지능 발전으로 언젠가는 인간을 지배할 지도 모른다.
많은 과학자의 공통된 우려이기도 하다.

기술직을 선택한 사연

어린 시절, 누구에게나 꿈이 있다. 그 꿈은 아름다운 동화나라의 세상 같았다. 하지만 청소년기를 거쳐 성장하면서 아름다웠던 동화나라는 현실과 거리가 멀다는 것을 알 수 있었다. 물론 어린 시절의 꿈이 성년기에 실현되는 경우도 비일비재하다. 나는 어렸을 때부터 바둑, 민속 장기를 공부해서 프로기사가 되는 것이 꿈이었다.

하지만 바둑 공부를 하려면 비용이 많이 들었다. 90년대 초에 한국에는 바둑황제가 탄생했다. 바로 유명한 프로기사 조훈현 국수이다. 특히 조 국수의 수제자인 이창호 국수는 나하고 동년배이다. 이창호 국수는 6살에 조국수 문하에 입성하고 11살에 프로 입단하며 14살 되던 해에 바둑 타이틀을 따냈다. 이러한 결과는 본인의 노력과 천재성도 따라야지만 정규교육도 필수적이고, 유명한 프로기사의 특별교육이 없으면 프로기사로 가는 길은 불가능에 가깝다. 문제는 돈이었다. 어릴 때 바둑공부를 할 수 있는 여건이 되지 않았다.

민속 장기는 프로 정상급 수준에 이루었으나 과거나 현재 우리나라 프로장기 시장 규모나 시장 경제성으로 볼 때나 일본 장기 '쇼기'나 중국 장기 '상기'처럼 활성화되지 않았다. 현실적으로 프로기사들의 대국 수입이 기본 생활 수준도 보장받기 힘들었다. 모든 일이 생각처럼 되지는 않는다.

내가 전자 회로 수리 기술자가 되는 줄은 꿈에도 생각하지 못했다. 장기 알이나 만지던 나는 전자기판 수리 분야와는 거리가 멀었다.

내가 사회 진출에 첫 발을 내딛는 시기에 IMF가 왔다. 국고 외환은 고갈났고 경제는 마이너스 성장이고, 실업률은 한없이 치솟았고, 사회 안전망마저 불안했다. 취업이 힘들었고 정규직은 꿈도 못 꾸고 임시직도 하늘의 별 따기였다.

기업들은 줄파산이 되었다. 생계를 책임져야 하는 남자들이 직장을 잃었다. 그래서 가정에도 커다란 변화가 생겨났다. 맞벌이 부부가 많아졌고 생계를 위해 주부들이 돈벌이 현장에 뛰어들었다. 그때 신조어가 '아껴 쓰고 바꿔 쓰고 나눠 쓰고 다시 쓰기'다.

취직도 안 되고 생계마저 막막했다. 암울한 시간이었다. 하지만 역사는 흐르고 시대는 발전한다. 80년대 말까지만 해도 우리 삶 속에서 컴퓨터라는 단어는 생소했다. 대기업이나 정부 기관이 아니면 컴퓨터를 접하기 힘들었고 가정에서는 희귀했다.

90년대 초에 PC 통신이라는 소통공간이 생겨났고 통신업이 발전하면서 PC 보급률도 높아졌다. 물론 개개인에 미치는 영향은 미미한 수준이었지만 시대적 발전 욕구는 막을 수 없었다. 컴퓨터를 빨리 접한 분들이면 기억 속에 있을 거다. 컴퓨터란 단어보다 보편적으로 컴퓨터의 핵심연산장치인 CPU등급에 따라 286, 386, 486, 586 PC라고 했다. PC 통신은 지대한 영향을 미쳤다. 서로 모르는 사람들이 PC 통신에서 서로 공감하고 소통했다. 그야말로 그것은 폭발적인 인기를 끌었다. 컴퓨터 보급이 보편화하면서 컴퓨터 관련 기업들이 우후죽순 생겨났다.

나도 그때 처음 컴퓨터를 보기만 했다. 컴퓨터가 무엇인지, 컴퓨터가 무엇을 하는 것인지도 모를 때였다. 사회 진출 새내기들은 많은 고민에 빠질 때다. 바로 인생진로에 관한 고민이 제일 컸다.

실제로 취직도 안 되고 자금력도 없고 딱히 할 일도 없었다. 인생 경험으로는 전혀 없고 사업이나 장사는 생각조차 못 했다. 당시에 사업을 했다고 하더라도 망했을 것이 뻔하다. 오직 먹고 사는 것만 생각했다. 치열한 경쟁 사회에서 적응하기 어려웠다. 오죽 답답했으면 젊은 나이에 직업도 상관없이 일만 하겠다고도 생각했다.

건설현장에 나가서 일을 찾아 해보기도 했고 음식점에서 숯불 피우기도 했고 잡일도 해봤다. 하지만 인연이 없었던 것 같다. 번번이 고배를 마셨다. 일할 줄 모른다고 반장이나 음식 주인에게 잘렸다. 젊은 패기만 있었지 확실한 사회 낙오자 신세였다.

다행히도 고시촌에서 전전하는 신세는 면했다. 형님의 집에 얹혀 살았다. 어느 날 형님이 나한테 말씀해주었다.

"막노동은 너한테 맞지 않을 뿐이야. 너는 머리도 좋으니 연구하는 쪽으로 찾아봐. 컴퓨터를 배워보는 것이 어때?"

형님은 나를 꿰뚫어 본 듯하다. 학구열은 매우 높은 편이다. 바둑, 장기 공부를 하려면 연구에 대한 열정, 정밀하고 고도의 수읽기가 필요하고 끈질긴 인내심도 필요하다. 또한, 나는 한 가지 시작하면 끝장을 보는 성격이다. 컴퓨터는 적성에 맞는 듯했다.

새로운 영역인 컴퓨터를 배우겠다는 욕심에 나는 며칠간 잠을 이루지 못했다. 기쁨은 잠시였고 고민도 할 것 없이 깨끗해졌다. 컴퓨터를 배우려면 컴퓨터가 있어야 한다. 하지만 컴퓨터를 살 돈이 없었다. 90년대 중후반 때 일반 기피 업종의 월급이 100만 원에 훨씬 못 미쳤다.

당시 컴퓨터 586 PC 중고 조립 가격이 60만 원 정도였다. 웬만한 한 달 월급이었다. 나에게는 부담할 수 없는 금액이었고 너무나 큰 액수였다. 형님한테 부탁하기도 어려웠다. 그러던 어느 날 형님의 지인인 PC A/S, 조립 판매하시는 분이 집에 찾아왔다. 난생처음 보기만 했던 컴퓨터를 보았다.

컴퓨터라는 것을 알면서도 형님 지인에게 "이거 뭡니까?" 하고 물었다. 한참을 멍 때렸다. 형님의 한 달 월급이 들었다고 한다. 형님이 나에게 준 귀중한 선물이었고 지금의 나를 좋은 기술직을 갖도록 해준 원동력이 됐다. 형님은 현재 중국 칭다오에서 음식 사업을 하고 있다. 지금 생각해도 마음속에 피가 흐른다. 정말 고마웠다.

이렇게 컴퓨터와 인연을 쌓고 컴퓨터는 내 삶의 일부분이 되었다. 살기 위해 고민도 했고, 살기 위해 뭐라도 해야 한다고 생각했고, 살기 위해 컴퓨터라는 직업을 선택했고, 컴퓨터를 배우기 시작했다.

IMF 시대는 격변 속에 기회의 시기였고 생계마저 걱정되는 암울한 시간이었다.

우리 옛날 속담에 이런 말이 있다.

'하늘이 무너져도 솟아날 구멍이 있다.'

변화 속에 희망도 있다. 단군 이래 처음으로 나라를 위해 온 국민이 하나 되어 금 모으기를 했다. 너나 할 것 없이 집에 있는 귀중한 금속품을 모아 나라에 힘을 보탰다. 물론 금 모은다고 해서 나라 경제를 되돌려 놓을 수 있는 금액은 아니었지만 한민족의 저력을 전세계에 보여주며 감동을 주었다. 그때 희망의 빛을 보았고 나도 할 수 있다는 자신감에 새로운 영역에 도전하기로 했다.

컴퓨터를 배우기 시작했다

처음 인터넷에 접속했을 때의 순간이 지금도 생생하다. 서로 모르는 사람들이 TV처럼 생긴 새까만 모니터 앞에 앉아서 글을 입력해서 대화한다는 것이 신기했다. 세상이 달라졌다고 모두가 감탄하던 시절이었다. 불과 20년 전에 일이다.

그때 인터넷은 지금하고는 완전히 다르다. 그때 당시 PC 통신에 접속하려면 집에 있는 전화선을 컴퓨터에 연결해서 모뎀을 통해 접속했다. 인터넷 랜선이 없을 때라서 인터넷이란 단어조차 없을 때다.

지금은 인터넷 랜선보다 빠른 LTE 광선을 사용하지만, 그때는 전화선을 연결하는 것이 전부였고, 통신비도 전화 비용으로 충당했고 비용도 비쌌다. 또한 통신할 때는 전화를 사용할 수 없었다. 지금처럼 통신 3사를 통해 인터넷에 가입해 사용하지만, 그때는 완전 다른 개념이었다.

천리안 PC 통신, 두루넷 PC 통신 등의 업체에서 제공하는 접속 프로그램을 통해 인터넷에 접속했다. 초기 인터넷 통신은 파일을 주고받을 수 없었다. 단순히 새까만 모니터 화면에서 오직 글자만 입력할 수 있고 글로만 소통이 가능했다.

막상 컴퓨터를 배우려고 하니까 막막했다. 컴퓨터의 활용 범위가 너무 다양하고 모든 산업에 컴퓨터와의 연동이 필수적이다. 또한 컴퓨터 과정은 분야별로 전문가 과정이 있다. 어떤 분야를 해야 할지도 몰랐고, 어떻게 배워야 할지도 몰랐다. 컴퓨터 '컴' 자도 몰랐으니 우선 컴퓨터 학원부터 다녀보기로 했다.

다행히 형님의 소개로 형님 회사의 하도급 업체에 임시직으로 취직을 했다. 고가구 수출대행 포장회사다. 가구 포장일은 힘들었다. 옛날 고가구들이어서 가격도 고가이고 대부분 못이 없었다. 도색을 새로 한 가구 때문에 색이 벗겨질까봐 조심스레 작업해야 했다. 포장한 가구는 매일 컨테이너에 실어서 외국으로 보냈기에 육체적으로도 힘들었다. 당시 이태원에 거주했는데 회사는 거여동이어서 학원은 회사와 가까운 거리에 있는 천호동에 있는 컴퓨터 학원을 선택했다. 월급은 적었지만 아껴 쓰고 절약하면 학원비와 교통비는 충당할 수 있었다. 생활비가 조금 부족한 터라 술과 담배도 끊었고, 친구들마저도 교류가 적었다.

이제는 열심히 일해서 학원비, 교통비, 생활비도 혼자서 충당해야 한다. 돈을 벌 나이도 충분히 됐는데 형님에게 기대어 도움을 받는 것도 염

치 없고, 마음도 무겁다.

컴퓨터 학원을 꼬박 3년간 다녔다. 처음에는 컴퓨터와 익숙해져야 하므로 컴퓨터의 기초적인 교육을 받았다. 그때는 컴퓨터 바람이 초기였는지 학원마다 새벽반, 오전반, 오후반 등 교육시간이 직장인에게 맞춰졌다.

새벽 5시가 조금 넘어서 지하철 5호선 첫 차를 타기 위해 거여역에 도착했다. 천호동의 학원까지 지하철을 타고 걸어서 30분 정도 소요된다. 아침 6시에 교육이 시작한다. '컴'자도 모르는 사람들이 모여서 컴퓨터를 배운다고 하니 웃지 못할 일도 발생한다. 컴퓨터를 배우려면 영어 단어가 많고 또한 알아듣기 힘든 전문 용어도 있었다. 무슨 뜻인지도 모르니 묻고 또 묻고, 잊어버리고 또 묻는 일들이 자주 생겼다. 그래서 따로 컴퓨터 용어사전을 구매했다.

컴퓨터 학원답게 모든 과제나 숙제는 컴퓨터로 해야 했다. 가끔은 통신으로 숙제를 할 때도 있었다. 메일 가입을 하는데 메일이 뭔지도 몰랐으니 하나하나 강사님이 가입을 해주었다. 지금은 네이버나 구글 등 다양한 포털사이트 서비스업체들이 많았지만, 그 당시는 외국업체는 야후이고 국내업체는 다음뿐이었다. 또한 서비스가 완벽하지도 않았고 서비스 영역도 제한적이었다. 당시 포털은 거의 모든 것이 무료 서비스였던 것 같다.

광고, 지도, 앱, 서비스 같은 경우도 그때는 없었고 차후에 생긴 서비스들이다. 윈도우98 새로운 운영체제가 개발되고 사용되면서 메신저 등이 개발됐고 이어폰으로 음성채팅을 간단하게 할 정도였다.

　새벽 6시 수업을 선택한 이유도 학원이 끝나면 바로 회사로 출근을 하고 오후에 퇴근하면 도서관이나 집에서 컴퓨터 공부를 하고 시간을 효율적으로 사용하기 때문이다. 힘들었다. 매일 아침부터 오후 늦게까지 생업과 교육을 병행했다. 이렇게 학원을 6개월 정도 다녔을 때 어느 정도 컴퓨터 활용도 할 수 있었고 컴퓨터를 조금 알기 시작했다. 나에게는 시간이 많지 않았다. 처음에는 1년 정도 다니면 취직이 될 것처럼 생각했는데 막상 해보니 배우는 것이 쉽지 않았다.

　이제는 컴퓨터 전문가 영역을 선택해야 한다. 컴퓨터는 크게 두 가지로 분류된다. 하나는 하드웨어이고 다른 하나는 소프트웨어이다. 하드웨어와 소프트웨어에 세분화를 하면 책 한 권을 써도 부족할 정도로 분야가 많다. 컴퓨터 A/S, 수리, 개발, 설계, 기획, 디자인, 프로그램, D/B 구축, 네트워크 구축 등 다양한 영역으로 분류된다. 하지만 전문지식이 없고 컴퓨터를 잘 모르니 무엇을 선택할지 어려웠다. 빨리 취직하고 싶은 마음에 갈팡질팡하기도 했고, 확실히 몰랐으니 개발도 하고 싶고, 디자인도 하고 싶었다. 이렇게 우왕좌왕 몇 개월을 보냈다. 조금씩 접해보니 컴퓨터 분야 중 어느 하나 쉬운 것이 없었다. 어느 하나 쉽게 배울 수 있는 것도 아니었다. 모든 것은 시간과 열정이 들었다. 열심히 공부하는 수밖에 없었다.

　생활비, 교통비, 학원비가 걱정이었다. 나중에는 아예 회사 창고에서 숙식을 해결하면서 다녔다. 근본적으로 월급이 적다 보니 한 끼는 라면으로 해결했다. 그 당시 라면 한 봉지가 280원였다. 그때 먹은 라면이 질렸는지 지금까지도 라면을 먹지 않는다. 지하철비 500원이 아까워서 몇 정거장 거리는 그냥 걸었다. 마음은 급하고 공부 시간은 필요했고 책 사는 비용이 아까워 매주 일요일은 서점으로 출근하다시피 했다.

몇 년이 흐르고 컴퓨터 정비사 전문가 과정을 선택했다. 학원수업은 받을 만큼 받았고 실전이 필요해졌다. 학원은 어디까지나 이론적인 면이 많았다. 물론 배우면서 컴퓨터를 많이 알게 되었고 컴퓨터 활용도 익숙했지만, 실전 경험이 부족하여 취직에는 어려움이 있었다.

미래를 보고 컴퓨터를 선택했고, 배운 것을 활용하려면 컴퓨터 회사에 취직해야 했다. 하지만 이론으로 무장된 학원 출신은 받아주는 곳이 없었다. '세상이 얼마나 좁으면 나 하나 앉을 곳조차 없구나!' 하는 생각마저 들었다. 두렵고 힘들었지만 포기할 수는 없었다. 아직 시작도 못 했는데 힘들다고 포기하면 무슨 희망이 있겠는가? 포기하면 인생도 끝이라고 생각했다.

도움이 절실히 필요했다. 형님의 지인 중에 컴퓨터 수리하시는 분이 있었는데 그 회사에서 무급도 좋으니 컴퓨터 수리 일을 할 수 있게만 해달라고, 한 달이라도 좋으니 취직을 시켜달라고 부탁했다. 형님에게는 큰 부담이었을 것이다. 나는 아무것도 생각할 여지도 없었고 오로지 살아남아야겠다는 생각뿐이었다.

형님 소개로 유급으로 일을 할 수 있게 됐지만, 정상적으로는 취직할 수 없는 실력이었다. 거여동의 회사에 사표를 내고 용산 효창공원역의 사무실로 첫 출근을 했다. 어렵게 기회를 얻었으니 꼭 열심히 해서 살아남겠다고 결심했다. 교통비가 아까워 1시간 정도 걸어서 갔다. 하지만 나는 나의 실력을 알았기에 무급으로 일을 시작하기로 했다.

지금도 잊지 못하는 첫 출근 날이다. 여러 컴퓨터 전문가가 있었는데 긴장의 연속이었다. 전문가들이 대화 내용을 들어보면 분명히 컴퓨터 얘기를 하는데 무슨 말인지 알아듣기 힘들었다. 학원에서 배운 것만으로는 한계를 느꼈고 눈길조차 마주 보기 무서웠다.

사무실 책상 위에는 노트북이 있었는데 이때 노트북을 처음 보았다. 좋아보였고 신기했다. 한참을 보고 또 봤다. 노트북에서 음악 소리도 들렸다.

업무에 관한 설명을 듣고 팀장님의 보조로 업무를 하기로 했다. 컴퓨터 전문가인 팀장님을 따라 많이 배우고 실전 경험을 쌓으라는 사장님의 배려였다. 고맙고 좋아서 마음속에 눈물이 흘렸다.

이제 시작이다! 절대로 포기하지 말자! 결단코 살아남아서 꿈을 펼쳐보자! 절대로 포기 말자! 맹세하고 또 맹세했다!

포기란 없었기에 여기까지 왔다. 만일 포기했다면 저세상 사람이 됐을 것이다.

기술직은 결코 쉽지 않다. 혹독한 인내심과 끈질긴 뚝심이 필요하다. 목표가 명확하고 집중력을 필요로 한다.

많은 젊은이들이 기술직에 도전했다. 성공한 친구들도 있고, 실패한 친구들도 있다. IMF를 맞으면서 안정적인 직업을 찾기 위해 기술직에 도전한 친구들이 많았다.

　큰 노력과 힘든 과정을 거치면서 그 많은 친구 중에 나와 임춘학 친구 둘만이 살아남았다. 그는 지금 의류 패턴디자인 사업을 하고 있다. 각자의 분야에서 당당한 기술자가 되었다고 자부심을 느낀다.

　기술직은 배움으로 시작해서 배움으로 끝난다. 오늘의 기술에 만족하면 내일의 기술에 도태된다. 항상 새로운 제품에 대한 연구가 필요하다. 그래서 지금도 메인보드를 보면서 공부한다.

먹고 살기 바쁘다

첫발을 떼고 아직 땅에 닿지는 못했다. 현장 투입을 통해 빨리 수리 기술력을 끌어올리고 실력을 쌓아야 한다. 유급취직이 간절함은 먹고 살기 위해서다.

아침에 눈을 뜨면 메인보드 기판이 머리에 그려진다. 수리가 안 되는 원인은 뭘까? 수리할 노트북은 어떤 증상일까? 복잡한 생각이 스치며 출근한다.

8시에 집을 나서면 다음 날 새벽 3시에 집에 들어온다. 모든 분야를 막론하고 기술을 배우는 것에는 성취감과 좌절감이 동반된다. 기술 습득은 성공의 성취감을 고무시키지만 수리에 실패하면 좌절감이 절망을 준다. 성공이든 실패든 결과를 받아들이는 자세가 기술 연구의 기본 자세다.

수리가 안 되거나 수리 방법이 모를 때 좌절감이 주는 고통은 말로 표현이 어려울 정도다. 이 직업을 선택한 것이 후회스럽다. 먹고 살기 바쁜 현실에 마음이 흔들린다. 기술직은 하루 아침에 완성되는 것이 아니고 하루하루 복잡한 메인보드와 싸움해야 한다. 수리 과정은 반복적이고 연습은 단순하면서 지루하다.

매일 아침 8시 50분 사무실에 도착한다. 전날에 늦게까지 수리를 하고, 어지럽게 늘어놓은 도구를 정리한다. 사무실을 청소하고 커피까지 준비하는 것이 나의 몫이다. 수리 도구는 항상 편하게 집을 수 있게 정돈하는 것이 핵심이고 컵은 깨끗하게 씻어야 한다.

대충 봐주는 법은 없다. 특히 직속 팀장님의 작업대는 물론이고 커피까지 완벽하게 정리되어야 한다. 그래야 팀장님과 같이하는 하루 동안 편하게 지낼 수 있다. 하나라도 더 배우려면 팀장님의 심기가 편해야 나도 편하다. 눈에 거슬리는 행동은 피하는 것이 상책이다.

어렵게 습득한 기법을 아무런 대가 없이 남에게 전수해준다는 것은 어려운 일이다. 백 번을 보고 백 번을 연습해도 한 가지 기법을 습득하기 어려운 것이 기술이다. 기술은 비결이 되고 비결은 실력이 된다. 팀장님은 평소 말이 짧고 무뚝뚝한 편이어서 처음엔 너무 어려워서 대화하기 힘들었다.

수리 때에는 집중하여 하나의 실수도 용납하지 않았다. 아무리 어려운 난관에 부딪혀도 포기란 없었다. 한번은 고장 난 노트북을 수리하려고 분해를 해보니 침수로 인해 부품마저 부식된 상태인 적이 있었다. 침수된 노트북 의 메인보드 수리는 고난도 수리로 꼽히며 성공률도 복불복이다.

메인보드 기판에 여러 곳이 부식되면 웬만한 노트북 수리 전문가도 포기하는데, 팀장님은 수리 불가 판단이 나기 전에는 포기란 없다. 결단코 3일 밤을 꼬박 새우며 수리를 완료하였다. 나에겐 분명 좋은 경험이었다. 3일 밤을 뜬눈으로 지켜봤다. 팀장님은 멋진 프로였다. 이런 과정이 있었기에 오늘날의 내가 있지 않았나 싶다. 이러한 수리 과정을 보면서 배움에 대한 열정은 커졌고 수리 욕망도 하늘을 찌르는 듯하다.

음식은 먹어봐야 맛을 알 수 있고, 노트북 수리는 해봐야 결과를 알 수 있다. 지속적인 훈련과 반복적인 연습은 핵심이다. 낮에는 업무를 처리하고 수리과정을 보는 데 만족하고 직원들이 퇴근한 후에는 작업 다이에 나만의 공간을 준다. 고장 난 노트북 점검하고 고장의 원인을 분석한 후 증상을 찾아내는 것은 노트북 수리에 있어 중요한 절차이다. 도구 장비 사용법은 오직 연습밖에 없었다.

인두기 납땜, 계량기 측정 방법, 장비 사용법은 꾸준한 노력이 필요하다. 매일 새벽 2시까지 주어진 시간은 매우 중요하다. 분석하고, 연구하고, 수리해보는 훈련 과정이 핵심이다. 또한 메인보드 전류 흐름을 알아야 한다. 알기 위해서는 손으로 전기를 만져보기도 하는데 전류가 흘러 감전이 되기도 한다. 이런 혹독한 과정을 거치지 않고는 성공하지 못 했을 것이다.

몇 개월이 지났을 때였다. 팀장님이 계측기와 인두기를 주면서 측정을 해서 원인을 찾고 수리를 해보라고 하는 것이 아닌가? 팀장님은 어떻게 수리해야 하는지 알고 있었기에 분명 나의 실력을 테스트하는 것이다.

나는 긴장되면서도 너무 좋았고, 이 기회에 실력을 한 번 보여 드리고 싶었다. 이번만큼은 침착하게 진행했다. 전에도 몇 번 테스트 과정에서 실수를 해서 매번 실망으로 끝났다. 매일 새벽까지 잠을 이겨내며 힘들게 연습했다. 너무 좋았던 것일까? 너무 긴장한 탓일까? 안타깝게도 결과는 망했다. 한두 번만의 실수가 아니고 매번 같은 착오를 범했다. 당시 나의 실력이었다. 납땜 정도도 제대로 못 하는 내가 한심스러웠다. 남들이 볼까 민망스러웠다.

이런 실력으로 노트북 수리를 배운다고?

이런 마음가짐으로 전문가가 되겠다고?

이런 결과를 보려고 3년간 학원에 다니며 노트북 수리를 배운다고?

괴로웠다. 절망감이 온몸을 감돌았다. 수리 가능한 노트북을 수리 불가능한 노트북으로 망쳐 놓았다. 얼굴을 들 수 없었고 할 말이 없어 입을 닫았다. 이젠 포기해야 한다고 생각했다. 가슴에는 불이 났다. 날씨마저 덥고 서로 말없이 조용했다.

"아무 생각 말고 슈퍼에 가서 아이스크림을 사와."

팀장님이 말을 건넸다.

"퇴근 후 따로 보자."

팀장의 말에 귀가 따가워졌다.

'내일부터 다른 일을 찾아야겠다.'

나는 혼자 생각했다.

퇴근 전 팀장님은 사무실 청소를 먼저 하고, 사무실 맞은편 고깃집에서 보자며 먼저 자리를 비웠다. 고깃집은 사람들로 북적대고 우리 테이블은 노릇하게 구운 고기와 소주가 놓여 있었다.

"여기야, 이쪽으로 앉아. 오늘은 아무 생각도 하지 말고 술만 마셔."

팀장님은 말을 이어갔다.

"괜찮다. 아직은 초보이고 배우는 과정이니 실수하는 것은 당연하고 실수 없이 어떻게 성공을 할 수 있냐? 누구나 배울 때는 실수도 하고 망가뜨리고도 해. 수리는 어렵고 힘든 직업이니 지금까지 한 것처럼 열심히 하면 돼. 포기하지 마."

나는 술만 마셨고 또 마셨고 눈을 뜨니 집이었다. 팀장님의 말씀이 큰 힘이 됐다.

'실패는 성공의 어머니'라고 했다.

지금이 있기까지 수없는 실수와 착오를 범하고 멀쩡한 중고 메인보드를 구매해서 얼마나 많이 망가뜨렸는지 알 수 없을 정도다. 모든 분야는 마찬가지다. 실패와 좌절 없이 어떻게 성공할 수 있겠는가? 중요한 것은 포기하지 않는 것이다.

먹고 살기 위해 노트북 수리를 선택했고, 먹고 살기 위해 열심히 수리했고, 지금은 노트북 수리 전문가가 되었다. 그 과정은 험난하고 고통스러웠다.

지금도 기술직을 선택한 미래 공학 분들에게 진심으로 당부의 말을 전하고 싶다. 시작이 있으면 끝이 있는 법이고, 아무리 힘든 과정을 겪어도 절대 포기하지 말았으면 한다. 포기하는 순간 모든 것이 '0'부터 시작이다. 시작의 결과는 끝이고 그 반대는 포기다.

새까만 나의 손

어린 시절에 할머니의 거친 손에 얼굴을 닦을 때 아주 아팠던 기억이
난다. 할머니의 손은 상처투성이였다. 어린 손자는 손가락 뼈마디마다 튀
어나오고 굳은살이 있는 손이 아프기만 느껴졌고 그 거친 손의 속사정은
알 수 없었다. 우리 할머님, 어머님 손만이 아니다. 우리 선조들은 자식들
을 위해 생계를 꾸려 가시고 논밭의 땅과 흙에서 손을 파묻히며 쉼 없이
가족을 위해준 위대한 손이다. 오직 밭에서 농사일에 품앗이로 우리를 키
워주신 할머니, 어머니다.

어머니의 손이 생각난다. 어머니의 건강이 좋지 않아 병원에 모시고 간
적이 있다. 어머니의 손을 보며 세월은 거역할 수 없다는 생각이 들었다.
어릴 적 기억에 하얗고 예쁜 손으로 어린 나를 정성껏 쓰다듬어주었다.
그 손으로 나를 키워주셨다. 하지만 지금 어머님의 손은 울퉁불퉁하다.

도랑처럼 깊이 파인 손은 세월의 흔적이 남아 있다.

어린 시절을 거치고 중년이 되며 세월을 거역할 수 없는 노년을 맞이하게 될 것이다. 뒤돌아보니 부모님의 삶이 곧 나의 삶이 되고, 살아계실 때 자식의 도리를 잘해야겠다는 다짐을 해 본다.

요즘 손을 보면, 몇 년 동안 쉴 새 없이 일한 손이 힘들어한다는 생각이 든다. 손이 했던 수많은 기억들이 필름처럼 펼쳐진다. 누구에게나 손은 중요하다. 섬세한 작업은 손을 통해 이루어진다.

피부가 거칠어지고 새까맣게 변색이 된 손이 말해 준다. 매일 전기를 만지고 먼지를 마신다. 기술직을 선택하면 감수해야 한다. 십 수여 년을 전기를 만지다 보니 이제는 50V 이하 전압에는 감각마저 없다. 전자제품 수리 시 촉각, 후각, 감각은 절대적이다. 수리 전 제품 점검은 필수이며 수리 성공 관건은 점검이라고 해도 과언이 아니다.

전원 충전기, 모니터, TV, 220V 전원부를 수리할 때는 감전의 위험성이 있다. 항상 감전 차단 장갑을 끼고 수리를 한다. 직류 220V에 감전이 되면 사람이 사망할 수 있다.

한번은 감전이 되어 죽을 고비도 넘겼다. 2015년 8월, 불볕더위가 기승을 부릴 때였다. 고객님이 60인치 LED TV를 직접 용달차를 가지고 방문해 주었다. 며칠 전에 전화 상담을 했는데 60인치는 픽업 비용도 기본이 10만 원이 넘는다. 52인치 이상 TV는 승용차나, 다마스에 들어가지 않는다. 용달차를 사용하는데 비용이 문제다. 직접 오서서 수리하는데 시간이 걸리지만, 점검이라도 해서 수리 비용을 알고 싶다고 해서 바로 분해를 하고 점검을 해주기로 했다.

전원이 안 들어오는 증상이므로 전원부를 점검한다. 전원 메인보드는 일반적으로 1차 전원공급, 2차 전원공급으로 나누는데 1차 전원부는 직류와 교류를 혼합되기에 대용량 콘덴서에는 400V 전압이 출력된다. 테스트기로 전압을 측정하는데 날씨가 더운 탓도 있고 손에 워낙 땀이 많아서 순간 미끄러지면서 왼손 손목이 고전압에 닿았다. 소리 지를 겨를도 없이 두 손은 튕겨서 위로 뻗었고 3초 동안은 정신을 잃은 것 같다. 감전되면 온몸은 땀으로 범벅이 되고 힘이 빠지고 감전된 손은 불에 탄 듯 화상을 입는다. 감전은 화상과 달리 신경이 파손되는데 까맣게 변질되어 결국 잘라내야 한다. 감전은 수없이 많이 해서 지금은 더욱 조심해서 수리한다.

모든 현존하는 전자제품의 최대 취약점은 발열이다. 습도와 발열은 전자제품의 공적이다. 전자제품을 많이 사용하는 가정집이나 전자제품을 사용하는 산업현장에는 무더운 여름철이나 몹시 추운 겨울철에 고장률이 높다. 즉 온도에 민감하기 때문이다. 계절의 온도에 따라 사회 방방곡곡에 영향을 미친다. 산업 장비나 모니터, TV 수리 시엔 조심해야 한다. 장치에 전원케이블을 연결하는 전압이 직류 AC/220V이다. 220V는 감전 시 사람을 사망에 이르게 한다. 수리에 종사하는 분들이면 누구나 몇 번쯤은 감전의 경험이 있다. 감전을 당한 사람은 안다. 매우 위험하다.

이은대 작가님의 글을 읽었다. 《내가 글을 쓰는 이유》 이 책은 너무나도 강렬해서 크게 감동한 책이다. 힘들거나 외롭고 어려울 때면 이 책의

구구절이 떠오르곤 한다. 작가님은 '책은 손으로 쓴다'고 하였다. 너무 맞는 말씀이다. 사람에게 평온을 가져다주고 냉정함을 되찾아 주는 방법은 글쓰기 보다 더 좋은 방법은 없다. 글을 쓰면서 자신을 돌아보고 냉정하고 객관적인 제삼자 입장에서 세상만사를 바라보게 된다.

또 한 책 중에는 이런 구절이 있다. '나는 글쓰기를 포기할 마음이 전혀 없었다. 누가 뭐라든지, 나는 글쓰기를 통해 절망적으로만 보이던 내 인생에서 희망과 빛을 찾았다. 그래서 너무나 행복한 삶을 살고 있다.'

처음 글을 쓰기 시작한 분들이면 이 구절을 읽으면 가슴에 와 닿고 공감이 될 것이다. 누구에게나 말할 수 없는 고통이 있다. 타인에게 삶에 대한 모든 것을 말할 수도 없고, 자신의 마음 깊은 곳에 영원히 간직하고 싶은 말도 있을 것이다.

정보화 시대, 감성 시대에 사는 우리에게는 소통의 중요성은 더 말할 필요 없다. 그렇다고 무작정 자신의 감정을 타인에게 말하고 이해와 동정을 구하는 것도 어리석은 짓이다. 남들 보기엔 이기적인 사람으로 오해를 살 수도 있다.

어쩌면 글쓰기는 말하고 싶은 것들, 말할 수 없는 것들을 글을 통해 솔직한 마음을 소통하는 방법도 좋지 않을까? 글은 누구나 쓸 수 있다. 굳이 주위의 눈치를 보고 상대방의 심정을 헤아리며 절제된 말을 하기보다 자유자재로 자신의 심정을 글로 표현하는 것도 좋은 방법이다.

손을 움직이는 일에는 집중, 감각, 촉각, 섬세함이 필요하다. 노트북을 수리하는 재능은 손이 꽃을 피워준다.

4차 산업의 발전으로 앞으로 어떻게 문명이 변하고 인간이 변할지 누구도 예측하기 어렵다. 4차 산업의 핵심인 인공지능이 어디까지 변할지 아직은 예측하기 힘들다.

　세상이 아무리 바뀌어도 나는 글쓰기도 포기 않지만 노트북 수리 나의 재능도 포기할 순 없다. 글쓰기와 노트북 수리는 나의 전부이고 나의 삶이다.

내 직업에 대한 자긍심

　요즘은 전문직 대해 생각이 어떤지 잘 모르겠다. 97년 IMF 시대 맞으면서 많은 변화를 일어났고 사회가 불안하고 취업대란이 발생하면서 전문직에 대한 열망이 대단해졌다. 확고부동한 전문직에 안정적인 수입을 원했던 시기다.

　세상 일이 아무리 힘들고 어렵다고 해도, 마음을 비우는 순간 힘든 일은 가벼워지고, 어려운 일은 쉬워진다. 마음을 비운 만큼 평온해진다. 즉, 마음가짐이 중요하다. 그때는 많은 분이 막막하고 희망이 없어 보였지만 반대로 많은 분에게는 기회가 되었다.

　전통 산업은 하루하루가 힘들게 버텨가고 신생 산업은 활기가 넘쳤다. 컴퓨터 산업의 비약적인 발전으로 벤처기업 창업이 붐을 일으켰다. 젊은 친구들이 삼삼오오 모이면서 독특한 아이디어로 벤처기업 창업 현장에 뛰어 들었다. 결과는 중요치 않았다. 벤처기업은 신생기업이고 성공과 실패는 누구도 몰랐다.

성공한 기업들이 있고 실패한 기업들도 많았다. 물론 대한민국 청년들이 창업에만 뛰어든 것은 아니다. 취직 현장에 온몸을 던진 젊은이들도 많았다. 나뿐만이 아니다. 내 주위에 있는 친구들의 대부분이 기술직에 도전하였다. 몸으로 부딪히며 기술을 터득하는 특수성 때문에 많은 도전자가 있었다.

기술을 배우는 과정에는 무급 취직이 많았고 기술을 터득하기까지 경제적으로 결핍한 생활은 감수해야 했다. 기술을 배우는 것이 하루아침에 되는 것이 아니고 오랜 기간 배우고 연구하고 느끼고 실천해야 한다. 정말 인간의 인내심을 테스트하기에 안성맞춤이다.

끈질긴 인내심과 불굴의 의지, 굳은 결심이 없으면 포기할 수밖에 없다. 실제 10여 명의 친구들이 기술직에 도전했지만, 지금까지 살아남은 친구는 나까지 포함해서 2명뿐이다. 노트북 수리하는 나와 패턴 디자이너인 친구다. 기술을 배우는 것은 입문 3년, 기교 3년, 출도 3년이란 말이 있다. 아무리 쉬운 영역의 기술이라 해도 몇 년의 기간이 있어야 한다. 그만큼 어느 한 영역에서 전문가가 된다는 것이 어렵다.

성공한 사람이 있다면 실패한 사람도 있다. 기술직 선택에 실패했다고 해서 인생이 실패한 것은 아니다. 중도 포기하고 다른 길을 선택한 분들 중에도 크게 성공한 분들도 있다. 다양한 분야에서 최선을 다하는 모습이 아름답다. 사업가든 복지가든 교육가든 우리 주위에 살펴보면 성공한 사람들의 공통점은 피나는 노력은 기본이고 마음가짐과 행동이 일치한다는 것이다. 더욱 놀라운 점은 어떠한 핑계도 없다는 것이다. 또한 이런 진리를 모르는 사람이 없다는 것이다. 결과만 보면 성공과 실패로 나눈다.

나는 성공한 사람도 아니고, 노트북 수리의 일인자도 아니지만, 최소한 자신의 분야에서는 최고의 전문가가 됐다. 성공한 사람들과 비교가 안 되지만 감정에 취약하고 실패를 두려워하고 어려운 일에는 백기 투항 하는 분들에게는 분명한 메시지가 있다고 본다.

처음 배울 때나 지금이나 같은 점은 현재도 매일 새로운 제품에 관해서 연구한다. 처음이나 지금이나 같은 전자회로를 공부한다. 다만 전혀 모르는 상황에서 공부하는 것과 전문가 관점에서 공부하는 것은 차이가 있다. 오늘의 기술에 안주하면 내일의 기술에 퇴출된다. 엔지니어링 기술직의 패턴이다.

노트북 수리를 하찮은 기술이라고 생각하는 분들도 있을 것이다. 하지만 노트북 수리와 노트북 A/S, PCB기판수리와 컴퓨터 A/S는 분명히 다른 것이다. 진행하는 방법과 개념도 완전히 별개다. 수리는 노트북이든 컴퓨터든 부품별 전자회로로 구성된 PCB기판을 부분 수리도 가능한 전문가 분야이고 A/S는 부품을 통째로 교체하는 것이 통상적인 개념이다. 수리하는 분들은 노트북, 컴퓨터뿐만 아니라 TV, 모니터, 산업 장비, 등 전자회로 기판으로 된 모든 제품을 수리가 가능하다.

일반인들은 잘 모를 수 있다. 컴퓨터 수리에 무슨 장비가 필요한가? 컴퓨터A/S는 수리하는 장비가 필요 없지만 메인보드 수리는 장비가 있어야 가능하다. 장비도 수천만 원에서 수억 원에 이르는 고가 장비여서 일반 컴퓨터수리점에는 찾아볼 수가 없다. 누구도 교체 가능하다면 기술자라고 말하기 어렵다.

어떤 분야든 어려움이 따른다. 17년 동안 수백 대, 수천 대, 메인보드 수리를 했지만, 방법 및 과정은 다르다. 메인보드 기판 위에 따닥따닥 붙어 있는 IC 부품들을 눈으로 보기도 어렵다. 수십 만 개의 부품 중 쌀알보다도 작은 불량부품을 찾아내는 것이 핵심이다. 바다에서 바늘 찾기같다.

수리는 외로운 직업이다. 한밤중에 수리에 관해 상담해줄 사람은 없다. 수만 개의 부품으로 구성된 메인보드를 보면 복합하고 어지럽다. 혼자서 수리하는 것이다.

수리는 지금도 어렵지만 후회하지는 않는다. 성취감이 크다. 지금도 패턴사 친구와 소통을 이어가고 있다. 만나면 기술 이야기를 시작해서 기술 이야기로 끝난다. 그만큼 할 말이 많고 추억도 많다. 책으로 엮으면 한 권으로는 부족하다. 둘은 분명 한 길만 걸어 온 공통점이 있고, 공감되는 공간이 많고, 술과 함께 베푸는 여유도 있고, 밤을 새우는 여유도 있다.

이제 인생의 반이다. 아직 갈 길이 멀다. 기술이란 고정된 틀이 없다. 항상 연구하고 공부하고 진화할 뿐이다. 좌절과 실패가 없는 성공은 있을 수 없다. 기술 영역에는 요행과 천재는 필요 없다. 오직 100%의 자신의 노력과 땀으로 이루어진다. 한 가지 분명한 것은 직업의 연속성과 지속성이다.

언젠가는 은퇴할 시기가 올 것이다. 기술직의 원천은 기술이다. 원천이 있으면 나이와 상관없이 은퇴할 시기도 자유롭다. 가진 자의 여유라고 할까? 돈이 많아서가 아니다. 돈은 전부가 아니다. 노트북 수리를 해서 큰돈을 버는 시기는 이미 지나갔다. 돈을 벌고 싶으면 사업을 해야 한다. 애초 큰돈을 벌기 위해서라기보다 먹고 살기 위해서가 맞다. 수리 직업을 돈으로 엮으면 중노동이 된다.

직업의 선택은 인생길 방향을 정한다고 해도 과언이 아니다. 물론 살아가는 환경에 따라 변할 수도 있다. 대부분 사람은 한 번의 직업은 평생을 같이 가는 경우가 많다. 특히 전문직 경우에는 평생 직업이다. 모든 일을 시작할 땐 첫 단추를 잘 끼워야 한다. 자칫 잘못된 선택은 인생 여정에서 순탄치 많은 않을 것이다. 직업은 사람에게 있어서 생존과 직결되고 좋은 직업이라고 해서 모두가 성공하는 것은 아니다.

성공한 분들을 보면 과정이 순탄치 않았지만 그 뒤에는 불굴의 의지와 눈물겨운 노력이 있었다. 세상 일은 참 공평하다. 결과는 노력한 만큼 얻고 게으른 만큼 잃는다.

우리 속담에 이런 말이 있다.

"한 우물만 파라."

무슨 일이든 한 가지 일을 끝까지 열심히 해야 성공한다는 우리 조상들의 지혜다.

동서고금 막론하고 인류 문명에서 기본적인 의식주는 먹고 사는 문제이다. 노동을 통해 수확해서 해결하였다. 직업이란 그때부터 존재하였다. 지금까지 있기에 어렵고 힘든 과정이었다. 사람들이 잠을 자는 야밤에는 수리에 열중하는 시간이고 중도 포기할 생각도 수천 번 했다.

그러나 지금은 행복하다. 누군가를 위해 수리하고 누군가를 위해 기술을 전도하고 누군가를 위해 행복 나눔도 하니 성취감이 생긴다.

행복이란 이런 느낌이다.

수리는 마음으로 한다

메인보드 수리는 전자회로 PCB 수리를 의미한다. 노트북, 컴퓨터뿐만 아니라 모든 가전제품을 수리할 수 있다. 노트북 및 PC(데스크 컴퓨터)의 여러 가지 구성요소 중 가장 중요한 것은 메인보드로 없어서는 안 되는 부품이다.

메인보드는 노트북 모든 기반을 이루는 PCB판을 뜻하며, 하나의 PCB로 이루어진 확장성이 없는 TV, 모니터, 세탁기, 에어컨, 냉장고, 스팀 청소기 등의 내장형 시스템 등의 PCB라고도 한다. 노트북 수리 전문가는 모든 가전제품을 정비하는 분들에게는 부러움의 대상이다. 하드웨어 엔지니어링 세계에서는 최고의 경지에 올라 있는 최고수라고 통칭한다.

하지만 컴퓨터 수리에 대한 믿음은 이미 땅바닥에 떨어진 지 오래다. 단지 컴퓨터뿐만 아니라 TV, 냉장고, 에어컨, 오토바이, 자동차까지 정비사에 대한 믿음은 바닥이다. 생각만 해도 속상하고 왜 이렇게 됐는지 모르겠지만 분명 이유가 있을 것이다.

컴퓨터 수리 업체가 너무 많아 포화상태다. 인구 50명 중 컴퓨터 보유 개수는 평균 16.5개로 수리업자는 5개다. 1개 컴퓨터 업자들이 평균 3.1개 컴퓨터를 수리하게 되는 셈이다. 평균 30,000원 ~ 150,000원이 되는 컴퓨터 수리비용을 계산해보면 컴퓨터 3.1개가 매일 고장 나서 매일 최대 150,000원의 수입이 되더라도 한 달에 30일로 기준으로 계산하면 4,500,000원을 벌 수 있다.

여기서 가게 유지비, 출장(기름값)유지비, 홍보비, 부품원가를 빼면 한 달 수입이 1,500,000원도 불가능하다. 그렇다고 컴퓨터가 매일 고장 나지 않는다.

컴퓨터구성을 보면 대략 9개 부품으로 컴퓨터 1개 조립할 수 있다. 부품별로는 CPU, 메인보드, 메모리, HDD하드디스크, PW파워스플라워, 케이스, 키보드, 마우스, 모니터이다. (노트북, 태블릿 PC도 분해하면 같은 구조다.) 핵심부품은 CPU, 메인보드, 메모리, HDD하드디스크, PW파워스플라워이고 이 중 CPU, 메모리는 고장이 잘 나지 않는 부품이다. 그 외 부품은 고장 날 일이 거의 없고 상대적으로 가격도 낮은 편이다. 소비자법에 따르면 컴퓨터 부품 교체 시 제품 보증 기간은 1년이다. 컴퓨터 3.1개 한 번 수리하거나 교체하면 1년간은 무상수리가 보장된다.

나는 이 업계에 몸담은 지 20년이 된다. 이 업계에서 생존하려면 단순히 한 가지 제품만 수리해서는 힘들고 노트북, TV, 모니터, 스마트폰 등 종합적인 수리를 할 수 있어야 한다. 나의 고객은 전국에 있는 컴퓨터 수리점 사장님들이다. 일반 컴퓨터 수리는 거의 없고 노트북, TV, 모니터 등이 대부분이다. 전국에 있는 컴퓨터 수리점 사장님들이 택배로 거래를 많이 한다.

홍보 마케팅 비용이 없어서 그나마 좋다. 대부분 컴퓨터수리점에서는 노트북, 스마트폰 등은 직접 수리하지 못하기에 전문가에 맡겨진다. 그러면 수리비용 원가가 높아지고 수익성은 떨어진다. 컴퓨터 수리만 하는 업자는 생계를 유지하기가 어렵다. 가게유지에 비용이 많이 드는 부분은 임대료와 홍보비용이다. 수익과 상관없이 지출하는 비용을 충당하기 힘들고 적자를 보게 된다.

이러다 보니 치열한 생존 게임으로 변질했고, 변질의 연장선에서 각종 상술이 난무하고 엉터리 수리가 발생한다. 수리의 내용은 있고 과정은 철저히 가려져 있는 것이 수리업계의 어두운 면이다. 수리는 하고 비용은 발생했는데 진작 중요한 수리 과정 및 그 내용은 알 수가 없게 된다.

생계 유지가 어렵게 되고 경쟁은 치열하다 보니 자기 살을 깎아 먹는 현상이 생겨났다. 결국 소비자를 상대로 사기 수리를 치는 지경에 까지 이르렀다. 결국은 업자는 문을 닫게 되는 악순환이 생기는 것이다.

인터넷의 발전으로 지금은 예전과는 비교가 안 될 정도로 많은 정보가 오픈되어 있다. 포털사이트에서 컴퓨터 수리 비용 관련 정보들을 쉽게 찾아볼 수 있다. 수많은 온라인 판매 사이트에서도 부품 비용이며 단가 등을 쉽게 알 수 있다. 문제는 수리 가격 투명성을 제고에는 도움이 됐을지는 모르지만, 소비자나 컴퓨터 수리 업자에게는 오히려 독이 되어 돌아오는 현실도 무시는 못 한다.

예를 보면 소비자는 컴퓨터가 고장 난 경우 우선 포털 사이트에서 고장 증상을 검색해서 정보를 알아본 후 고장 난 부품단가를 검색해서 비용을 알아본다. 고장 난 컴퓨터와 관계없이 부품 비용은 알 수 있으나 고장 난 증상을 검색을 통해 얻은 정보는 정확하지도 않다.

검색해서 얻은 정보를 바탕으로 컴퓨터 수리기사를 부른다. 문제의 핵심은 여기서 발생한다. 소비자 입장에서는 컴퓨터 수리를 할 땐 부품비용만 생각한다. 출장비나 점검비, 수리비용은 고려하지 않는다. 반면 컴퓨터수리업자 입장에서는 출장비, 점검비, 수리비 및 부품 도매 마진까지 수익을 발생해야 한다. 수익계산이 치열하다 보니 엉터리로 소비자를 현혹시키는 경우가 생긴다. 마음이 아프고 슬퍼진다. 대부분의 소비자는 수리기사의 노고를 이해해준다. 양심 있고 정직하게 하는 수리업자들도 많다. 극히 일부분의 수리기사들이 이 업계를 어지럽게 한다. '인터넷 때문에 부를 얻었고 인터넷 때문에 망했다.'는 수리업계에서는 널리 알려진 말이다.

수리하다 보면 이런저런 어려운 부분이 생긴다. 고객과 의견 충돌하는 때도 많고 수리를 잘하려고 해도 안 되는 경우도 있다.

기술이 아무리 좋아도 수리가 다 되는 것은 아니다. 장비가 아무리 좋아도 수리가 되는 것은 아니다. 수리는 마음으로 하는 것이고, 정성으로 하는 것이다. 수리는 사람이 하는 것이기 때문에 기계처럼 정교하지 못하다. 수리가 잘 될 때도 있고 잘 안될 때도 있다. 서로 조금씩 이해를 해주어야 한다.

　수리는 생각처럼 되는 것이 아니다. 해봐야 결과를 알 수 있다. 수리는 마음으로 정직하게 하면 되는 것이다.

제2장
험한 세상에,
꿈이 있기에

꿈이란?

희망이 있고, 그 희망이 실현되기를 갈망하는 것이 꿈이다.

꿈이 있기에 희망이 있기에 무엇을 하려고 진행하는 것이 삶이다.

삶은 '나', 발자취를 새겨놓은 흔적이다.

꿈이 있다고 해서 희망이 보이는 것도 아니고,

희망이 있다고 해서 꿈이 실현되는 것도 아니다.

꿈을 향한 행동이 실행할 때

희망이 목표가 되어 행동이 실행할 때 꿈이 실현되는 작은 시작이다.

인간은 태어나면서

이 세상을 등을 질 때까지

살아가는 환경, 습관, 꿈이 다르기에

서로에 대해 이해해가는 것이 어렵다고 한다.

문제는 나 자신을 모르고 살고 있기 때문이다.

내가 바라는 삶

삶이란 무엇인가? 자신에게 질문할 때도 있고 스쳐가며 힐끔 생각해볼 때도 있다.

정답이 있을까? 태어나서 본능적으로 엄마의 젖꼭지를 찾는 것도, 살겠다고 발버둥치면서 뒤도 돌아보지 않고 한없이 달려가는 것도, 이기적인 사람 같이 혼자만 살겠다고 가는 것도, 세월의 흐름을 거역할 수 없다는 것도, 시간의 기다림이라는 것도, 시간이 지나면 정답이라는 것을 나이가 들면서 조금씩 알아 가게 됐다.

살아가는 삶 속에 성공과 실패, 환호와 좌절, 기쁨과 슬픔, 인내와 충동이 엉클어진 융합이다. 그속엔 삶의 중심에 '나' 가 핵심이고, '나' 가 주인공이라는 것을 조금이라도 깨달았을 때 비로소 '삶이란 무엇인가?'에 관해서 한 번쯤이라도 생각해 보게 된다.

사람이라면 누구나 꿈이 있다. 꿈을 향해 수많은 계획을 세우고 목표를 정한다. 여기까지는 희망일 뿐이다. 꿈과 희망을 실현하기 위해 무엇보다 중요한 것은 시작이다. 계획한 목표를 행동으로 실행하면서 꿈과의 거리를 좁혀간다.

새해가 다가오면 자신의 빈 곳간을 채우기 위해 새로운 계획과 목표를 정하고 결심한다. 통계청 자료에 따르면 새해에 다가오며 제일 많이 결심하고 계획을 세우는 것은 다이어트고 다음은 금연이라고 한다. 금연하려면 자신과 외로운 싸움의 시작이다. 금연의 핵심은 금단증상 극복과 몸의 일부가 되어버린 흡연의 습관을 끊는 것이다. 흡연의 습관은 무의식중의 행동이라고 한다. 이중 금연을 성공한 사람은 10%도 미치지 못한단다. 그 이유는 계획은 세우고 결심은 있는데 행동이 작심삼일이라고 한다.

"꿈은 원대하게 품고 실행은 작은 것부터 시작한다." 라는 말이 있다. 실현되지 않는 꿈은 환상이고, 행동이 없는 계획은 망상이라고 한다. 어릴 적 희망이 꿈이라고 하면 살아가면서 자신이 원하는 생각이 희망이고 삶이다. 모든 희망은 생각처럼 되지 않는다. 인간은 현재 처한 환경에 따라 생각이 다르고 희망이 다르다. 생각했던 대로 잘 안 된다고 좌절할 필요는 없다. 작은 것부터 시작해서 작은 것부터 성공하면 꿈이 이루어진다.

'무엇을 꼭 해내고 말 것이다.'가 아니라 '무엇을 먼저 실행을 해야겠다는 생각'이 들어야 한다. '위대한 꿈을 갖고 성대하게 성공해서 온 나라를 위해 살겠다.' 가 아니라 '남을 배려하는 작은 것부터 실행해야겠다'는 생각이 중요하다.

현실을 인정할 때 새로운 꿈이 생기고 희망이 생긴다. 그렇다고 모든 꿈을 접는 것은 아니다. 마음을 비운 것은 삶의 자유를 얻는 것이고, 마음을 비운은 것은 마음 내면을 채우는 것이다.

나이가 들면서 조금씩 마음을 비운다는 느낌을 받을 때 있다. 삶은 자유라는 말도 있듯이 마음을 비우면 내면이 자유롭다는 것이다. 사람은 영원히 살 수 없는 존재다. 옛날 왕들은 만수무강을 외쳤지만, 황천으로 가는 길은 막을 순 없었고, 영원히 살 것처럼 살았지만 준비도 없이 가는 것이 인생이고 삶이다.

예전에 친구와 금전상의 문제로 크게 논쟁한 적이 있다. 말이 격해지고 언성이 높아지면서 연을 끊겠다고 생각도 했었다. 몇 년 후 우연히 해외에서 만날 기회가 있었다. 시간이 용서를 해줬는지, 만나서 마냥 좋았고, 술잔을 기울이며 대화를 나눴다. 10여 년이 지난 지금은 둘도 없는 친구로 서로 도와주며 살고 있다. 아무리 용서 못 할 상대라도 시간이 약이 되며 마음을 비우면 어쩌면 고마운 상대이기도 하다.

삶이란 사랑이라고 한다. 지식은 길잡이라고 한다.

지식의 원천은 책에서 나온다. 글쓰기로 누군가에게 작은 배려, 작은 이해, 작은 힘이 된다면 더 좋을 것이 없겠다.

이것이 내가 바라는 바다.

나의 어린 시절

누구나 어린 시절이 있다. 누구에게는 행복한 추억이고 누구에게는 불행으로 기억되기도 한다.

어린 시절에는 절대적인 보살핌을 받아야 한다. 혼자의 힘으로는 독립적인 영역을 얻을 수 없다. 부모, 형제, 타인에게 지배를 받고 그것에 의해 불행이든 행복이든 이미 정해져 있으면 이것은 어린 시절 운명이라고 한다.

어린 시절은 좋았던 기억이 훨씬 많다. 행복하고 단란한 가정에서 2남 1녀 중 막내로 태어났다. 먹고 사는 데 걱정이 없는 가정이었다. 그때는 생계만 해결 돼도 부러움의 대상이 될 때였다. 모두가 잘살아 보겠다고 열심히 일할 때였다. 잘 산다는 집도 가전이라고는 전무하던 때다.

80년대에 접어들면서 흑백 TV도 볼 수 있었고, TV가 집안의 1호 재산이기도 했다. TV는 채널은 손으로 돌려야 하고, 전압이 낮으면 TV도 볼 수 없다. 정전은 매일 겪는 일상이었다. 저녁이 되면 TV 있는 집은 영화관으로 바뀐다. 동네 분들이 오셔서 TV를 함께 보았다. 지금 생각하면 도저히 있을 수 없는 일들이 그 당시는 있었다. 그만큼 동네 사람들의 오가는 정은 흘러넘쳤다.

물질적으로는 부족할지 모르지만, 정신적으로는 건강하게 자란 것 같다. 산골 마을에서 아이들이 놀만한 공간은 별로 없었다. 진흙을 만지며 놀이하는 게 전부였다.

겨울에는 어김없이 큰 눈이 내리곤 했다. 그럴 때는 눈을 손으로 구슬 형태를 만들어 놀았다. 손발이 동상을 입을 정도로 추운 날씨에도 눈싸움 놀이를 했는데 시간이 가는 줄 모를 정도로 재미있었다.

여름철에는 마을 앞에 있는 도랑이 유일한 놀이터이었다. 무더운 여름철에는 동네 아이들이 더위를 시켜주는 것은 물놀이뿐이었다. 물놀이라고 해봐야 진흙탕 도랑이었는데 수심이 얕아 안전하기는 했다.

어린 시절을 잊지 못하는 것은 그곳에 나의 발자취가 있고 나의 흔적이 있기 때문이다. 나를 낳아 주시고 키워 주시고 품어 주신 그곳으로 언젠가는 다시 돌아간다고 ….

그때는 부모세대들이 도시로 나가는 세대였다. 도시로 나가서 새로운 삶을 시작하면 여러 문제가 존재한다. 한창 부모님들의 사랑이 필요할 때 떨어져 산다는 것은 힘든 일이었다. 특히 부모님의 이혼은 성장하는 아이들에게는 치명적이다. 그때 불운한 시절을 겪은 친구들을 만나면 밤새워 말해도 다 못한다. 지금은 성공한 사업가, 자상한 아버지가 됐다.

심리학자 우르술라 누버가 쓴 글을 본 적이 있다. 글을 읽으면서 인생은 스스로가 책임을 져야 한다고 생각했던 기억이 난다. 스티브 마틴, 오프라 윈프리, 로미 슈나이더, 마이클 잭슨, 등 각기 다른 분야에서 활발한 활동을 벌인 이 유명인들에게는 한 가지 공통점이 있단다. 어린 시절이 남달리 불우했다는 것이다. 하지만 그것에 매달리지 않고 스스로 힘을 길렀다. 마침내 선망받는 분야, 최고의 자리에까지 올랐다. 어린 시절이 인생에서 얼마나 중요한지 알 수 있다.

어린 시절엔 꿈 외에 소원이라고 있다. 분명 꿈과 비슷해 보이지만 꿈은 미래에 대한 바람이고 소원은 현재의 바램이다. 먹고 살기 힘든 시기에 소원은 무엇이냐고 묻는다면, 대부분 "하얀 밥을 고깃 국물에 말아서 먹는 것."이라 했지 않았을까?

'세 살 버릇이 여든까지' 라고 했다. 의학적으로 해석하면 태어난 아기도 자기 주관의식이 있고 문제를 해결하려는 생각을 한다고 한다. 하지만 아기는 절대적으로 부모의 영향을 받는다. 좋든 나쁘든 부모의 유전을 물려받는다. 그 습관이 평생을 좌우한다고 한다.

부모를 객관적으로 바라보고 완벽하지 않은 인간으로 이해함으로써 부모를 용서하여 성숙한 어른이 되는 것은 아름다운 것이다.

바둑 장기 그리고 삶

아주 어릴 적에 장기를 먼저 배우고 그후에 바둑을 배웠다. 바둑, 장기 프로기사 되는 게 나의 꿈이었다. 한국 기원 자료에 보면 바둑과 장기는 '기박(棋博)'이라고 하며, 나이의 많고 적음에 관계없이 언제 어디서나 즐길 수 있는 진법(陣法)게임이다.

장기는 춘추전국시대에 성행되었다. 장기는 인도장기, 중국장기, 일본 장기로 서로 장기 두는 규칙이 조금 다르게 고정되었다. 서양으로 퍼져간 것이 '체스'라는 서양장기이다. 장기는 전쟁의 형식을 본 딴 게임으로서, 처음에는 대장기, 중장기, 소장기 등이 있었으나, 현재는 소장기만 남았 다고 한다.

바둑이란 흑돌과 백돌을 바둑판 위에 번갈아 두며 '집'(영토 땅)을 많이 차지하도록 하는 게임이다. 바둑의 기원에 대해서는 많은 설이 있는데 중국에서 발생되었다는 설이 가장 유력하다.

바둑은 흔히 인생에 비유되기도 한다. 인생에서 무승부가 없듯이 유일하게 바둑에만 무승부가 없다. (바둑에는 "패"라는 것이 있는데 3패나 4패나 발생하는 경우는 무승부가 생기는 것이다. 그러나 몇십 만 판에 한 번 나올까 말까한 정도다.)

바둑은 인생의 축소판이라 할 정도로 무승부가 없는 게임이다. 인생, 기업, 국방, 국가, 운영에 작전 전략에 매우 비슷하며 전략가들이 인정하는 전략 지혜의 보고라고 한다.

장기를 배우게 된 동기는 기억에 없다. 말도 못 했을 때 할아버지께서 장기를 좋아하셔서 영향을 받은 것으로 추측된다. 산골 마을에 어린 아이들이 즐길 수 있는 공간이 없는 것도 이유가 됐을 거다. 기억이 있을 때 장기 실력은 이미 수준급이었다.

10대 중반에 프로 기사 수준이며 각종 대회에서 우승하면서 두각을 나타냈다. 딱 여기까지였다. 프로장기 시장 규모가 뒷받침이 안 됐다. 그때나 지금이나 마찬가지다.

민속놀이인 장기는 국제화가 되기 어려웠고 시장 경제 확장성이 없었기에 더 이상 발전은 없었다. 당시 프로기사 대국료로는 생계마저 유지하기 어려웠다. 많은 프로기사들이 현장을 떠났다. 개개인의 힘으로는 바꿀 수 있는 문제가 아니기에 어쩔 수 없었다.

바둑도 80년 초만 해도 프로기사 시장규모는 아주 미미했다. 그나마 조훈현 국수님 같은 슈퍼스타가 출현하면서 바둑계는 비약적으로 발전한다. 바둑 시장규모나 바둑 프로기사 숫자나 민속 장기와는 비교가 안 될 정도로 규모도 크고 바둑 인구도 많았다.

무엇보다 중요한 것은 일본 바둑 및 중국 바둑이란 국제화가 형성되면서 세계 프로 바둑 시스템을 정규화되었다. 국제대회가 생기면서 바둑은 세계적 스포츠로 발전할 수 있었다.

많은 국제대회가 개최되고 국내기전도 폭발적으로 생겨나면서 프로기사들로 하여금 바둑에만 전념할 수 있는 환경이 조성되고 바둑 실력을 업그레이드되면서 정부의 전폭적 지지를 등에 업고 국가 경쟁력을 갖추면서 오늘날의 바둑이 있을 수 있었다.

국제대회에서 연속으로 우승컵을 들어 올리면서 국내에서는 폭발적인 인기를 누리기 시작했다. 너나 할 것 없이 바둑 공부 열풍이 불었고 바둑학원이 우후죽순으로 생기면서 바둑 공부 비용도 천정부지로 치솟았다. 이런 노력에 많은 바둑 천재들을 배출할 수 있었지만, 바둑 공부를 하고 싶어도 돈이 없어 못 하는 아이들에게는 절망적이었다.

장기와 달리 바둑은 경우의 수가 너무 많아서 독학으로 할 수 없다. 프로기사가 되려면 프로입단 대회에서 입단해야 한다. 입단을 저승사자의 관문이라고 부른다. 그만큼 힘들고 어렵다. 유명한 프로기사 사범님의 문하로 입성하여 체계적이고 전문적인 교육을 받아야만 가능하다.

아무리 천재성을 갖춘 기사라도 동서고금을 막론하고 독학으로 성공한 사례는 지금까지 한 번도 없었다. 프로바둑 세계는 치열하고 실력만이 인증받는 곳이다.

바둑 인으로 몇 가지 바둑명언을 소개한다. 바둑 헌법 1조 1항은 '일수 불퇴'부터 시작된다. 격언이기도 하고 규정이기도 하지만, 무를 수 없는 건 바둑 룰의 엄격함을 표현해주고 인생에서도 한 번 지나간 것은 다시 오지 않는 것은 마찬가지란 점에서 둘은 매우 닮아있다.

선작오십가자필패(先作五十家者必敗)란 바둑에서 50집은 바둑판의 4/1에 육박하는 거대한 땅이다. 부동산 거부(巨富)가 종말엔 필히 망한다 는 건 분명 악담이지만, 반면 돈이 없어 전세집도 업고 무주택자들에겐 엄청난 위로가 된다.

도광양회(韜光養晦)란 바둑에서 자기 돌이 약할 땐 참고 싸우지 말고 돌 세력이 강해 질 때 까지 기다려서 반격하라는 뜻이다 글의 해석은 빛 을 감추고 밖에 비치지 않도록 한 뒤, 어둠 속에서 은밀히 힘을 기른다는 뜻이다.

바둑은 분명 스포츠인데 격언을 보면 인생의 축소판이다. 장기와 더불 어 바둑 공부하면서 이런 격언을 같이 배우게 되는데 전략의 지혜를 일깨 워준다.

십 수여 년 동안 장기와 바둑돌을 잡지 않았다. 어린 나이에 첫 꿈이자 좌절의 맛을 보았다. 하지만 장기와 바둑은 내 삶이었다. 누군가 바둑 공 부를 하게 되면 포기하지 말고 교훈을 함께 공유했으면 좋겠다.

나의 아버지

우리 세대의 아버지를 생각하면 무서운 아버지, 엄격한 아버지, 권위적인 아버지 상이 떠오른다. 우리 세대의 대가족 환경에서 아버지의 권위는 절대 넘볼 수 없는 위치였고, 가정에서 화합과 통합의 구심점이었다.

80년대에는 적게 낳고 잘 기르자는 사회 현상과 함께 자식들을 귀하게 키우면서 달라지기 시작했다. 자상한 아버지 상이 등장했다. 전통적인 가치의식은 상당히 느슨해지고 아버지의 권위는 약화되었다.

우리 세대를 낳아주시고 키워주신 부모님들은 자식을 귀하게 키우는 것보다 강하게 키운 면이 강했다. 이는 힘든 사회에서 떳떳하게 살아가라는 뜻이기도 했다. 우리 세대 남자 아이로 자라면서 부모님의 사랑의 매를 경험했다. 부모님에 대한 원망보다 은혜에 감사했다.

우리 집에서 아버지는 하나의 구심점이고 가정을 이끌어 가는 기수였다. 어머니께서 건강이 좋지 않으셨다. 병원에서는 마음의 준비를 하라는 말만 전해준다. 너무 어린 탓인지 어머니의 존재마저 잘 몰랐던 정도였으니 지금 생각해보면 당시 아버지의 마음은 얼마나 쓰렸을까? 어린 자식들까지 보살피느라 얼마나 힘들고 괴로우셨을까? 가장이 되고 부모가 되고 보니 마음에서 피가 흐르고 안쓰럽고 슬퍼진다.

아버님은 늘 이렇게 말씀을 해주셨다. 남자로 태어나서 인생에서 금기시 해야 하는 몇 가지가 있다고 하셨다

첫째는 도박을 하지 말라고 했다.
둘째는 마약을 하지 말라고 했다.
셋째는 이성 관계에서 복잡하게 하지 말라고 했다.
넷째는 대인관계에서 상대를 궁지에 몰지 말라고 했다.
다섯째는 남아로 태어났으면 가정을 지킬 의무가 있고 나라를 지킬 책무가 있다고 했다.

이중 어느 한 가지라도 우를 범하면 인생과 가정이 망한다고 했다.
5항은 나라가 없으면 가정도 없고 가정이 없으면 결국은 자신도 없다는 뜻이었다.

어느덧 내가 사십을 넘어보니 평생을 마음에 되새기고 인생에 살아가

면서 소중한 말씀이었다. 마음 깊숙이 아버지에 대한 그리움과 미안함이 파묻혀 있다. 나는 아버지를 직접적으로 부를 때에 사용하는 호칭은 '아버지'이고 그리고 '아버님'이라고 부를 기회마저 없었다.

부모님을 봉양하고 만년을 편하게 가실 수 있도록 하는 것이 자식으로 해야할 도리가 아닌가 싶다.

아버지의 대한 그리움 일까? 최재석의 ≪한국가족연구≫에 실린 '친족 호칭일람표'란 글을 읽은 적이 있다. 이는 다음과 같이 무려 39개의 종류가 나타나 있었다. 매우 놀라웠다.

즉, 아버지, 아버님, 아비, 아범, 애비, 어른, 집의어른, 어르신네, 부(父), 부친, 부주(父主), 부왕(父王), 현고(顯考), 가친(家親), 가군(家君), 엄친(嚴親), 가엄(家嚴), 가대인(家大人), 가군부(家君父), 노친(老親), 선고(先考), 선친(先親), 선인(先人), 선군(先君), 존당(尊堂), 춘당(椿堂), 당장(堂丈), 춘부장(椿府丈), 대정춘장(大庭椿丈), 춘부대인(椿府大人), 존대인(尊大人), 춘정(椿庭), 영존(令尊), 선대인(先大人), 선장(先丈), 선고장(先考丈), 선부군(先府君), 선장(先長), 대인(大人), 등이다.

분명히 '아버지'를 지칭하는 용어이기는 하지만, 이것을 사용하는 맥락이 다르기 때문에 이것을 고려하지 않는다는 것은 중대한 실수를 범할 소지가 있다고 한다.

예를 보면 다른 사람의 생존하고 계신 아버지를 지칭한다는 것이 사거(死去)한 아버지를 지칭하는 용어를 대신 사용하는 실수를 범한다는 것은 중대한 잘못이라고 더 붙였다. 아버지에 대한 수많은 호칭만 봐도 아버지의 위대함이 잘 표현되어 있고, 그 속엔 존경심과 효도심도 있다.

누구에게나 아버지는 존재한다. 아버지의 지혜와 능력 그리고 은혜에 대한 기준은 자식들의 평가들이 다를 수 있지만 분명한 것은 아버지가 없는 내가 탄생할 수 없다는 사실이다.

나의 아버지의 아버지는 나의 아버지를 애지중지하며 사랑했을 거고, 나의 아버지는 나를 또한 애지중지하며 사랑했다. 나는 아버지의 유산을 받아 나의 자식에 사랑을 부을 것이고, 이는 반복적이다.

아버지에 대한 그리움은 어찌 말로 표현이 될까? 그저 효도할 기회마저 주지 않는 아버지가 불쌍하고 효도할 기회마저 없는 내가 한탄스럽다.

나는 오늘도 달린다

연말 모임 때 지인의 소개로 전국구 컴퓨터A/S 관련 콜센터와 계약을 맺었다. 그렇지 않아도 바쁜 업무를 소화했던 나에게는 새로운 도전이자 기회였다. 조금 지치긴 했으나 중도에 접는 것은 인생도 접는 것이다. 인생에는 책임감이 따르고, 어려움을 이겨내는 것은 삶의 묘미다.

새해에 나는 나 자신과 몇 가지 약속을 했다.

① 아무리 바쁜 시간이라도 건강관리에 소홀함이 없도록 하겠다.
② 아무리 어려워도 글쓰기를 한다. 글쓰기로 나의 삶을 찾는다.
③ 아무리 지쳐도 본업인 노트북 수리 업무에 충실힌다.

프리랜서 겸 수리공인 나는 낮에는 깔끔한 옷차림을 하고 전자 고가 제품 수리를 하고 밤에는 배달직도 한다. 낮에 만난 사람들이 나를 대하는 태도와 밤에 만나는 사람들이 나를 대하는 태도가 다르다. 편견이라는 것도 직접 겪지 않으면 잘 알 수 없다.

지금껏 배달직을 버리지 않는 이유는 그것이 삶의 현장체험이고 가게 사장님과의 의리 때문이다. 내가 어려울 때 받아준 분이시다. 또한 피부로 많은 인생사를 깨닫게 한 직업이기도 하다.

새벽에는 글을 쓴다. 이 순간만은 행복하고 뿌듯하다. 아무도 방해하지 않는 공간에 진실된 나를 되찾는다. 나에게는 희망이 가득 찬 새벽이다. 사실 새벽밖에 시간이 없어서 글을 쓴다. 글을 쓰는 이유는 간단하다. 자신을 되돌아보고, 자신을 알아가고 싶고, 마음의 응어리를 표현하기 위함이다.

삶은 고단하지만 삶은 도전이라서 힘든것이다. 글을 쓰면서 자신감이 싹 트기 시작했고, 희망이 보이면 도전이 필요하다. 도전에는 실행이 중요하다.

이 순간도 포기란 없다. 자신을 알면 자신을 이길 수도 있는 법이다. 도전은 항상 아름답다.

견디기 힘든 삶의 무게

누구에게나 좋은 일이 생길 수 있고 어려운 일이 생길 수 있다. 자신의 힘으로 해결하기 어려울 때 삶의 무게가 느껴진다. 그것이 한계를 느낄 때 현명해지지 못한다.

"죽을 용기가 있으면 살아갈 용기도 충분하다"라는 말이 있다. 삶의 무게는 무겁다고 내려놓으면 인생도 내려놓는 것이 된다. 삶의 무게가 가벼워질 때 힘들었던 날에 감사한 날도 올 것이다.

가끔은 힘들다고 느낄 때도 있고, 무엇 때문에 이렇게 힘들게 사는가 반문할 때도 있다. 가끔은 피곤할 때도 있고, 가끔은 열심히 사는데 '삶의 무게'는 더 무거워지고 인생살이는 허무함을 느낄 때도 있다. 가끔은 뿌듯할 때도 있고, 수리를 잘해서 고객님이 만족할 때 행복하다.

가끔은 포기하고 싶을 때도 있고, 무거운 짐을 훨훨 털어버리고 분노도 좌절도 아픔도 없는 세상에 가고 싶을 때도 있다.

퇴근길에 바쁘게 달리는 차 소리를 듣는다. 노래방을 지날 땐 술에 취해 목청을 빼는 노랫소리, 주점을 지날 땐 담화소리가 귀에서 쩡쩡 울린다.

야경도 오늘 따라 화려해 보인다. 항상 신림역 사거리를 지나가는데 전에는 관심 없이 스쳐 지나간 듯했다.

새벽 2시 신림역 사거리, 몹시 추운 날이었다. 만두, 떡볶이, 어묵 따위를 파는 할머니를 봤다. 가격은 1개당 500~1,000원 정도다. 한참 서서 유심히 봤다. 손님은 얼마나 오는지 궁금했다. 30분 정도 지켜봤는데 손님은 고작 한두 명 정도다. 얼마나 춥고 고생이 많을까? 할머니의 건강이 걱정되었다.

할머니도 분명히 어느 자식의 어머니이고, 어느 손자의 할머니이고, 어느 남자의 아내이다. 누군가는 화려한 불빛에서 희희낙락하시고, 누군가는 춥고 어두움에서 한 푼 아쉬워서 고생한다. 삶의 무게에 떳떳하게 맞서며 굴복하지 않는 모습이 아름다워 보였다. 남들 보기엔 주름이 쪼글쪼글한 얼굴이지만 나에게는 힘이 되었다.

"할머님, 날씨도 추운데 고생이 많으십니다."

어묵 한 꼬치를 들었다. 날이 춥다며 종이컵에 국물까지 따라 주신다. 아무 말도 못 했다. 힘든 하루에 지친 몸은 따뜻함을 느꼈다. 이 각박한 세상에 살아남으려면 무거운 짐도 버틸 줄 알아야 한다고 새삼스럽게 되새긴다.

끝도 보이지 않는 산 정상까지 힘들어 보이는 양쪽 어깨에 자신의 몸무게보다 무거운 짐을 긴 계단을 한 발짝 한 발짝 발걸음을 옮긴다.

그리고 긴 한숨을 내 뿜으며 몇 걸음 못 가 멈춘다. 몸에서 나온 땀은 물 흐르듯 옷깃을 따라 흘러내린다. 분명 한 인간의 삶의 흔적이다.

중국 태산에 가면 산의 밑에서 정상까지 계단으로 이어지는 길이 있다. 그냥 오르기도 힘든 계단을 자신의 무게보다 훨씬 많은 짐을 지고 계단을 오르는 짐꾼들의 모습을 봤다.

감당할 수 있는 삶의 무게와 책임질 수 있는 무게를 스스로 판단하지 못할 때가 있다. 비겁하게 짐을 줄여 가서도 안 되고, 남에게 떠넘겨도 안 된다. 버거운 짐이라도 스스로 묵묵히 짊어지는 자세가 필요하다.

살다 보면 삶의 무게는 작고 가벼워 보일 때도 있고 크고 무거워 느낄 때도 있다. 남의 짐은 작고 가벼워 보이고, 나의 짐만 크고 무겁다고 불평하기에 앞서 삶의 무게를 현실을 받아들이는 지혜가 필요하다.

한 가지 분명한 것은 나보다 훨씬 무거운 짐을 어깨에 짊고 힘들게 살아가는 분들이 많다는 것이다.

돈, 그 화려한 유혹

돈이란 무엇인가? 돈이 없이 살아갈 수 있을까? 우리 인류 문명을 거슬러 올라가면 과거 먼 옛날부터 지금까지 돈으로 인간을 분류하면 딱 2부류가 있다. 하나는 돈 있는 사람이고, 다음은 돈 없는 사람이다. 두 종류의 공통점은 부의 유무를 떠나 모두 돈에 끌려다닌다는 것이다. 돈만 위하는 삶은 인간의 존엄마저 잃어버리기도 한다. 그럼에도 돈이 없으면 살아갈 수가 없다.

나의 일과는 이렇다. 5시에 일어나 일과를 시작한다. 외근할 주소와 전화번호, 예약한 내용, 출고할 리스트 등 일정을 꼼꼼하게 점검한다. 8시부터 10시까지 콜센터 사무실로 가서 콜 업무를 보고, 업무전산 처리를 한다. 전화 상담을 하느라 낮에는 거의 노트북 수리를 못 한다. 그 이후 노트북 수리 사무실로 가서 노트북 수리를 한다. 본업인 만큼 소홀함은 절대 없다.

　오후 18시~24시에는 피자 가게에서 배달 업무를 한다. 특별한 일이 없는 한 힘들다고 피곤하다고 해서 결근하거나 눈이 오고 비가 온다 해서 근무 회피하는 일은 없다. 자정을 넘겨서 다시 노트북 수리 사무실로 가서 독서하고 글쓴다. 피곤해도 글쓰는 시간만큼은 매우 행복하다.

　늙어가는 줄도 모르고 살아왔다. 힘들다고 내색도 하지 못 하고 살아왔다. 무엇을 위한 삶인가? 누구를 위한 삶인가? 거울을 볼 때마다 자괴감이 나를 억누른다. 돈의 유혹에서 벗어나려고 노력해 봤고, 돈의 굴레에서 벗어나려고 기도도 해 봤다. 비록 돈은 없지만 인간의 양심을 중요하게 생각해왔다. 그래서 열심히 일했다.

　돈과 인간은 무슨 관계일까? 돈이 인간을 지배할까? 인간이 돈을 지배할까? 돈 때문에 학업을 포기하는 사람도, 돈 때문에 결혼도 못 하는 사람도, 돈 때문에 아파도 병원을 가지 못하는 사람도, 돈 때문에 배고픔을 참고 사는 사람도, 돈 때문에 가족마저 뿔뿔히 흩어진 이도 있다.

　'돈이면 날아가는 새도 떨어진다.'라는 속담이 있다. 돈을 가지면 어떤 일도 할 수 있음을 이르는 뜻이다.

　돈은 없다가도 생기는 것이고 있다가도 없어지는 법이다. 돈으로 사람을 평가하는 것은 어리석다. 돈이 전부가 아니라고 생각해도 돈의 지배를 받고 혹시 돈의 노예가 되어 있는 것은 아닌지 돌아볼 시간이 필요한 것 같다.

글쓰기가 나를 바꾸다

일이 힘들다고 느낄 때 쉬고 싶다는 생각이 간절해지면 주저앉고 싶고, 모든 것을 포기하고 싶어진다.

죽음을 맞이할 때 처음에는 살고 싶어서 몸부림치다가 끝내 한계를 느끼고 마음의 정리를 하며 체념을 하게 된단다.

살다 보면 언제나 희망만 있는 것은 아니다. 목표도 없이 똑같은 생활 방식에 질려 포기하고 싶을 때도 많았다. 한때 술에 의존하며 세상을 한탄한 적 있었다. 노력을 해도 원하는 것을 얻을 수 없었다.

살기는 힘들지만 죽고 싶지는 않았다. 지옥에서 탈출하고만 싶었다. '어두움의 끝은 빛이 있다'고 했다. 책 읽은 작은 습관이 절망의 늪에서 희망을 보았다고 지금은 말할 수 있다.

"글쓰기는 나를 바꾸어 놓았다!"

블로그를 시작했다. 이웃님들과 소통하면서 마음의 문이 열렸다.

이은대 작가님의 글을 읽게 되며 깊은 감동을 받았다. 작가님의 글을 읽으면서 과거의 나를 되돌아보게 했고 글쓰기를 배울 결심을 했다. 글쓰기는 마음의 평온을 가져다 줬다.

글을 쓰면서 나를 사랑할 줄 알게 되었고 나의 소중함을 알았다. 포용과 나눔을 알게 되었고 나의 삶의 소중하다는 것을 깨닫게 되었다. 아무리 힘들어도 글쓰기는 계속할 것이다.

옛날에 어느 왕이 부하들과 산에서 길을 잃었다. 며칠을 헤매며 배고픔에 시달렸다. 한참을 찾다가 옥수수를 발견했다. 불을 피워 강물을 떠와 옥수수죽을 끓였고 왕과 부하들은 허겁지겁 먹었다.

궁으로 돌아온 왕은 그때의 옥수수죽을 잊지 못해 매일 옥수수죽을 먹었다. 하지만 그 산중에서 먹던 맛을 느낄 수 없었다. 최고의 요리사가 죽을 끓여서 올렸지만, 왕은 죽을 때까지 그 맛을 찾지 못했다.

신경이 예민한 사람들은 흔히 잠을 청하기 힘들다고 한다. 어떤 사람들은 술의 힘을 빌려 잠을 잔다고 하고, 어떤 사람들은 뜬눈으로 밤을 새우기도 한다. 틀린 것은 아니다. 예민하고 생각이 복잡하면 잠을 청하기 힘들다. 더욱이 삶의 무게에 눌려서 숨조차 쉬기 힘든 사람들은 잠이 오지 않을 수밖에 없다.

상담을 해서 치료하려고 노력도 했지만 효과는 없었다. 돈의 노예가 되어 밤낮을 가리지 않고 일만 했다. 몸은 점차 지쳐가고 체력은 바닥이 났다. 점점 건강을 잃어갔다.

극도로 피곤했지만 글쓰기는 멈추지 않았다. 글 읽기와 글쓰기를 시작하면 4시간이 훌쩍 지나간다. 놀라운 변화가 생겼다. 예민해서 잠이 안 온다고, 복잡한 생각에 잠이 안 온다고, 실면증을 치료한다고 병원을 찾았던 것이 거짓말처럼 완치되었다.

너무 피곤하고 잠이 부족하고 일만 했었다. 지금은 사무실에서 쪽잠을 잘 수 있게 되었다. 앉아서도 잠이 온다. 누워서는 바로 잔다. 한 번 잠들면 깊게 잔다.

맛없다고 음식 탓을 하는 사람들은 며칠을 굶기면 음식이 맛없다고 하지 못할 것이다. 잠이 안 온다고 하는 사람들은 며칠을 잠을 못 자면 잠이 안 온다고 말하지 못할 것이다.

힘들고 괴로운 사람들은 글쓰기를 시작하면 삶이 달라질 것이다. 글 속에는 분노와 기쁨, 미움과 포용, 희망과 절망, 그리고 생명과 행복이 있다. 글쓰기에 절망을 쓰면 절망이 되고, 희망을 쓰면 희망이 된다.

글쓰기에 자신을 쓰면 자신을 사랑하게 된다.

제3장

목표와 열정,
나는 오직 두 가지 뿐이다

성공한 사람과 실패한 사람의 차이점이 있다.
결과는 극과 극이다.
성공한 사람은 목표를 향해 전진한다.
실패한 사람은 열정도, 목표도, 실행도 없다.

매사에 열정을 가지고 열중하는 마음가짐이 중요하다.

술이 나를 망치다

통계 자료에 따르면 술이 가장 많이 소비할 때가 나라 경제가 어려울 때, 서민 생활이 힘들 때라고 한다. 아마도 술에 의지하는 모양이다.

누구나 난관에 부딪히면 탈출구를 찾는다. 방법도 다양하다. 칩거하기도 하고 포기하기도 한다. 나에게도 술을 벗으로 삼던 시기가 있었다.

내 것인 양 세상은 만만해 보였고 아무것도 할 수 없는 콩알만 한 가슴은 술의 힘을 빌려 인하무인했다. 떨리는 손으로 술잔을 기울이며 세상만사를 논하는 모습은 사실 기가 찼다. 하루도 빠짐없이 마시는 술은 점점 나를 구제불능으로 만들었다.

술은 나를 약속을 지키지 않는 인간으로 만들었다. 술에 취하면 판단력이 떨어지고 대인관계에 나쁜 영향을 준다. 취하면 약속도 어긴다. 한두번정도는 다른 이들도 이해해주겠지만 그 이상은 인연이 위태로워진다.

술은 나를 열정도 없고, 실행도 없는 인간으로 만들었다. 술에 취한 몸은 자연스럽게 움직이는 것을 귀찮아한다. 오늘에 할 일은 다음으로 미룬다.

인간은 시간을 기다릴 수 있지만, 시간은 결코 인간을 기다리지 않는다. 일을 제대로 하려면 시간은 중요하다. 바로 일을 시작해도 성공한다는 보장은 없다.

술은 나를 목표와 희망이 없는 인간으로 만들었다. 삶에 있어서 목표도 희망도 없는 삶은 이미 포기한 것과 마찬가지다. 술에 취한 인간은 다음 목표도 술을 마시는 것이고 술을 마시는 것에 합리적인 이유만 찾는다. 술에 취해서는 목표도 정하고 희망도 그려보지만, 이것은 망상에 불과하다.

술은 나를 말만 하는 허풍쟁이로 만들었다. 술은 말 못 하는 사람도 입을 열게 한다. 술은 성공을 모르는 사람도 입으로는 성공하게 한다. 실천을 못 하는 사람도 입으로 실천하게 한다. 술에 취해 방구석에 있으면 어찌 돌아가는 세상을 알까? 세상은 호락호락하지 않는데 혼자만 술상 위에 세상을 그린다. 술을 마시며 허풍, 허세, 허무를 가진 사람이 열정, 목표, 실행이 있을 수 없는 인생이다.

술은 나를 가정 파괴의 주역으로 만들었다. 술에 취하면 가정에 대한 책임감도 없어진다. 오직 술만 보이기 때문이다. 가정은 사회 구성원 중 최소한의 조직이다. 가정의 우두머리인 가장은 가정의 통합과 화합의 중심에 있다. 가정에 평화가 사라지면 결국은 가정도 사라지게 된다. 행복한 가정은 쉽게 얻어지는 것은 아니다.

술은 나를 인간이기를 포기하게 했다. 술에 의존하는 사람에게는 형제 간의 애정도 사라진다. 친구들과 연락도 끊게 되고, 지인들과의 소통도 잃게 된다. 부모님의 속은 이미 타서 잿더미가 되고, 건강마저 악화시킨다. 부모님의 은혜를 모르는 인간은 인간이라고 할 수 없다.

술은 인간의 슬픔과 기쁨을 표현하도록 한다. 술은 인간 사이의 경계심을 풀게 하여 소통의 역할을 한다. 술은 인간의 감정에 용기를 북돋워 주기도 한다. 인간의 정신적 · 신체적 기능에 활력을 주기도 한다. 술은 악의 본성을 드러내게도 한다. 기억력을 상실하고, 횡설수설하게 만든다.

술은 국가의 흥망성쇠의 현실도 알려준다. 역사적으로 봐도 왕조의 흥과 망의 시기에는 술을 빼놓고는 말할 수가 없다. 나라의 운명이 기울 때는 왕이 술에 의존했다는 야사 기록도 있을 정도다. 술에 의존했고, 희망도 없다. 우울한 현실을 술로 풀었다.

물론 성공의 축배와 같은 좋은 의미의 술도 있다. 어떻게 마시느냐에 따라 약주가 되기도 하고 독주가 되기도 한다. 어떻게 마시느냐에 따라 다르겠지만 힘들고 어려울 때는 술은 멀리하는 것이 좋다.

나는 반드시
이루고야 말 것이다

희망을 품으면 목표가 생긴다. 그러면 곧 실행해야 한다. 물론 실행한다고 다 이루어지는 것은 아니다. 결과는 노력한 만큼 얻는다.

어렸을 때 부모님은 내가 의지력이 약하고 끈질기지 못하다고 말씀하셨다. 사실 상처를 받았다. 지금에 와서 어머님께 여쭈어봤더니 이렇게 말씀해주셨다.

"그렇게 말한 건 네가 분발하라는 뜻이었어."

그 말씀에 감동을 받았다.

넘볼 수 없고 실현이 불가능한 꿈은 망상이다. 모든 일에는 시작이 있고 끝이 있다. 강인한 의지와 끈질긴 마음가짐이 필요하다. 그 과정은 목표를 향한 열정이 필요하다.

모든 분야에는 전문가가 있다. 전문가는 그 분야에 있어서 최고 위치에 있다. 가전제품 수리 분야에서 일인자는 아니지만, 나는 전문가다.

일생에서 꿈을 이룬다는 것은 위대한 성과이다. 그만큼 한 가지 목표를 향해 꿈을 실현한다는 것은 어려운 일이다. 사람들은 어린 시절부터 꿈을 키우며 성장해 왔다. 하지만 모든 꿈이 이루어지는 것이 아니다. 열정을 다해도 이루어지지 않기도 한다.

마치 이루어질 것처럼 꿈을 꾸었지만, 시간이 흘러 돌아보면 실제로 이루어진 꿈은 별로 없다. 그렇다고 실망할 것도 없다.

꿈 없이 사는 사람은 없다. 100세가 된 노인에게도 꿈은 있다. 나이가 들면서 허황한 꿈이 아닌 실현 가능한 희망으로 바뀌어가는 것 같다.

나이 사십이 넘어 초등학교 선생님 되고, 프로 바둑 기사가 되고 싶다는 꿈은 불가능하다. 그냥 좋은 추억으로 간직하고 싶다.

지금 40대에게도 꿈은 있다. 하나는 행복한 가정을 찾는 것이고, 다른 하나는 글과 함께 여생을 가는 것이다.

행복한 가정을 파기한 주역은 내가 맞다. 가정 파기에 원인을 제공한 것도, 문제를 키운 것도, 문제 해결에 도움이 안 되는 것도 전부 내게 책임이 있다.

서른이 넘어서도 철이 덜 들고 술에 의존해 인생을 잠시 멈춘 것이 인생길의 최대 오점이다. 그 상처가 너무 깊어 아직 아물지 않는 것도 기억에서 지울 수 없는 아픈 과거이다.

이제는 행복한 가정을 맞을 준비가 됐다. 과거는 과거이고 지금은 미래를 향해 있다. 아픈 과거도 이겨냈고 힘들고 어려운 시기도 버텨냈다. 나에게는 글쓰기가 남다른 의미가 있다. 하루하루가 먹고살기 바쁜 악순환의 늪에서 벗어날 수 있었던 것은 탈출구는 독서였다. 그것이 글쓰기로 이어졌다.

처음에 글쓰기가 어려웠다. 하지만 글을 쓰면서 나의 존재감을 찾게 되었다. 나만의 생각을 표현할 수 있다는 것은 내 가슴을 설레게 했다.

매일 쉬지 않고 글을 써야만 마음의 문을 열 수 있고, 자기자신을 발견할 수 있다. 독서와 글쓰기는 본인의 모습을 찾아볼 수 있는 유일한 길이다. 마음에 드는 글을 쓰려고 하지 말고 무조건 쓰라는 수많은 선배 작가님의 조언이 가슴에 남는다.

글쓰기는 힘의 원동력이다. 글쓰기가 쉬운 일은 아닌 것 같다. 쉬지 않고 매일 글을 쓰면 실력도 올라가고 자신을 알아 가는 데 도움이 된다.

인생에서 목표의 지향점은 다를 수 있다. 글을 쓴다고 해서 모두가 유명한 작가 되는 것은 아니고 베스트셀러가 되는 것도 아니다. 작가가 되기 위해서 글을 쓰는 것이 아니고 글을 쓰기 위해서 작가가 되는 것이다.

어느 한 목표를 향해 달려갈 때 지향점과 마음가짐이 매우 중요하다. 예컨대 모든 일을 부와 돈으로 연결되면 일 자체가 봉사가 아닌 노동이 되기 때문에 힘들어진다. 일하기 싫어지고 결국은 포기에 이른다.

잘못된 마음가짐은 좋은 일도,나쁜 일이 된다.기쁜 일도 슬픈 일이 된다. 올바른 마음가짐은 나쁜 일도 슬기롭게 풀어가고, 슬픈 일도 지혜롭게 받아들인다.

죽기 싫다

일상 생활에서 느끼는 중압감이 자기의 사고방식의 범위를 벗어날 때 죽음이란 생각하게 된다고 한다. 중압감은 한마디로 표현하기 어렵다. 사전에 해석은 '강제되거나 강요된 것에 대한 거부감'이라고 한다. 글자 내용만 보면 일상에서 느끼는 중압감과는 조금 다르다. 보통은 일에 대한 거부감 및 일에 대한 공포감 정도로 해석할 수 있겠다.

인생에서 누구나 실패 경험이 있고 시련을 받는 시기가 있다. 반면 성공해서 잘사는 사람도 있다. 실패한 사람이든 성공한 사람이든 말 못 할 사연과 고초가 있다.

지금 생각해보니 몇 번은 죽음을 생각해 봤던 일들이 있었다.

누구에게나 부모는 소중하고 존경한다. 부모님을 먼저 보내드린 분들은 잘 알 것이다. 부모님을 잃은 그 심정은 말로 표현하기 어렵다. 부모님

저세상으로 떠날 때 그 심정은 하늘이 무너지는 듯하다. 젊은 부모가 돌아가시면 어린 자식들은 그 슬픔이 배가 될 것이다. 하얀 세상은 어둡고 캄캄한 세상으로 보일 것이다.

생계를 책임지고 가족을 부양하던 아버지가 돌아가셨을 때는 함께 죽고 싶었다. 왜 이런 일이 나에게만 일어나냐고 원망하기도 했다. 그때 꿋꿋히 버틸 수 있었던 것은 매일 밤 저 세상으로 편지를 썼기 때문이다. 아버지가 엄격해서 함께 대화를 나누어 본 적이 거의 없었다.

생전에 대화를 못한 것이 한이 되었다. 이상하게도 편지를 보낼 때 내용은 많았다. 못다 한 얘기를 글로 보내고 나서 마음이 훨씬 편해졌다.

이것은 분명 글의 힘이다. 대면해서 말하기 어려운 부분은 편지나 메모로 전달하면 효과가 좋다. 글을 쓰는 이유 중 하나이기도 하다.

글쓰기는 나를 진정시킨다. 일상 생활에서 실수를 줄일 수 있는 좋은 방법이기도 하다. 일상 과정을 글로 남기면 기억에서 지워지지 않을뿐더러 경험을 재확인할 수 있다.

기억하기 싫은 일이 있다. 아버지가 돌아가신 후 집안은 풍비박산 났다. 함께 있으면 하루 끼니를 때우는 것조차 힘겨웠다. 우리 가족은 뿔뿔이 흩어졌다. 누구나 할 것 없이 돈을 벌고 성공해서 가족이 다시 뭉치는 것이 공동 목표였다.

아마도 생애 가장 힘든 시기였던 것 같다. 지금은 형제들이 행복한 가정을 일구고 살고 있다. 그때는 '이렇게 힘들게 살 거면 차라리 죽어서 평온함을 갖는 게 더 낫다!'고 생각했다.

매일 힘겨운 생활이지만 오히려 어려운 시기에 매일 일기 쓰는 습관이 생겼다. 무슨 생각에 일기쓰기를 시작한지는 모르지만, 어려운 현실에 대한 원망이라고 할까? 누구에게 하소연할 수도 없고, 말은 못 하고 답답한 심정을 글로 표현했다는 생각이 든다.

일기 쓰기는 큰 힘이 됐다. 힘든 일과를 끝내고 늦은 밤에 일기를 썼다. 같이 있던 선배님이 "일기를 쓰면 돈이 나오나? 밥이 나오냐? 차라리 쉬어."라고 말했다. 물론 좋은 뜻이고 관심의 말이었다.

하지만 나에게는 매우 중요한 일과 중 하나였다. 일기를 통해서 내가 느끼는 서러움, 어려움, 괴로움을 마음껏 글로 말할 수 있었기 때문이다.

사람마다 추구하는 방향이 다르고 탈출구를 선택하는 방법도 다르다. 심란한 마음을 달래기 위해 술을 마시는 사람도 있고, 그림을 그리는 사람도 있고, 오락을 즐기는 사람도 있고 글을 쓰는 사람도 있다.

글을 쓰기 위해서는 독서의 양이 뒷받침되어야 한다. 아무리 천재성이 있어도 독서 없이는 글쓰기는 불가능에 가깝다. 글쓰기에도 방법이 있고 규칙이 있다. 물론 쓰고 싶은 대로 쓰면 된다.

독서는 사물에 대한 판단력을 기르고 냉정하게 보는 능력을 준다. 독서는 빨리 읽기가 목적이 아니라 그 내용을 정확히 습득하는 데 목적이 있다.

독서는 한 사람의 운명을 바꾸기도 한다. 역사적으로 이름난 사람들에게도 독서는 빠질 수 없는 삶의 일부분이었다. 나라를 다스리고 군사를 다스리는 데는 풍부한 지식과 재량, 경험, 도량이 필요하다. 이러한 지식은 배워야만 가능하다. 책은 지식의 바다이다.

사람이 살아가면서 죽을 생각을 왜 하지 않겠는가? 힘들고 어려운 세상에 살면 당연히 생각할 수도 있다.

아무리 문명이 발전했더라도 책은 사라지지 않는다. 책이 사라지는 순간 문명의 발전도 멈출 것이다.

죽음을 선택한 것은 자기만의 진실을 보여주지 못했기 때문이다.

죽음을 선택한 것은 원망과 불만을 말하지 못했기 때문이다.

독서는 사람을 성숙하게 하고 글쓰기는 사람을 완성해준다.

죽기 싫어 글을 쓰는 것이 아니다.

글을 쓰기 위해서 죽기가 싫다.

잠은 부족해도 열정은 넘친다

"잠은 부족해도 열정은 넘친다."

요즘 나를 가리키는 말이다. 바빠서 24시간이 부족할 정도다. 새벽 5시에 눈을 뜨면 몸은 무거운 짐에 눌려있듯 무겁다.

할일도 많지만 및 외근 일정이 유동적이라 식사 시간을 넘기는 경우는 허다하다. 짧은 거리는 오토바이로 이동하고 먼 거리는 차로 이동한다. 이른 아침 집을 나서 운전대를 잡으면 오후 늦게 노트북 수리 작업실로 들어온다. 눈이 오나 비가 오나 밤에는 빠짐없이 배달하러 나간다.

배달업무가 끝나는 대로 노트북 작업실로 간다. 당일 입고된 노트북을 점검하고 정리한다. 하루 일과는 글쓰기로 마무리한다.

육체적으로, 정신적으로나 힘들다. 체력이 바닥이 난다. 잠이 부족하면 빨리 늙는다. 누가 늙는 것이 좋을까. 불가능한 것을 가능하게 하는 것은 열정이다.

이렇게 5년이 넘도록 살고 있다. 몸은 힘들지만, 정신적으로는 건강하고 보람을 느낀다. 삶다운 삶은 살고 있다고 생각한다.

아마도 삼십 대에 10년간의 세월을 허무하게 보낸 후유증 때문인 것 같다. 인생에서 가장 활기가 넘치고 행복한 가정을 꾸리고 사업기반을 다지는 30대, 일생에서 중요한 시기에 술에 찌들어 가정불화, 사업실패를 겪었다. 살아갈 의욕이 부족해졌다. 삼십대를 허무하게 보냈다. 그것이 후회스럽고 한스럽다.

그때를 생각하면 자업자득 측면도 있다. 가진 것 없어도 가지고 있는 것처럼, 머릿속에 채운 거 없어도 꽉 찬 것처럼, 몰라도 되는데 아는 것처럼 행동했다. 술을 마시면 다음 날 나쁜 영향을 준다는 것도 알면서 기분에 젖어 마구 마셔댔다. 실속을 차리면서 살아야 할 나이에 체면을 살린다고 허세를 떨었던 30대. 그때를 생각하면 죽지 않고 살아 있다는 게 다행이다.

이런 속담이 있다. "못난 놈이 잘난 체하고, 없는 놈이 있는 체하고, 모르는 놈이 아는 체한다."라는 것이다. 그 '체' 때문에 많은 문제가 생긴다.

무엇 때문에 거짓말을 하는지 모르겠다. 그렇다고 자기 신분이 상승하는 것도 아닌데 '체'하고 과시한다. 참으로 병폐다. 누구나 자기 분수에 맞게 살고, 근검절약해서 부를 축적하고, 내실 있게 잘 살 생각을 하는 것이 현명하다. '실속'을 챙기는 게 진짜 '체'를 지키는 것이다.

정신을 차리고 보니 사십 대다. 긴 잠에서 깬 듯 주위가 조용하다. 가진 것도 없고, 가정도 사라지고, 값어치도 없는 몸만 있을 뿐이다.

새로 시작하는 것만이 답이다. 노트북 수리는 본업이다. 아는 것은 수리뿐이다. 다시 시작하는 것도 노트북 수리다. 술도 끊었고, 허세도 사라졌다. 노트북 수리 일을 하려면 돈이 필요했다. 최소한 수리 공간이 있어야 하고 수리 연장 및 장비가 있어야 한다. 장비가 없으면 메인보드 수리가 불가능하다.

문제는 돈이 없다. 장비 구매 비용이 몇 십만 원도 아니고 최소 수 백만 원에서 수천만 원, 심지어 수억 원대 이른다. 무일푼인 나에게는 천문학적인 금액이고, 나에게 자금을 빌려줄 사람도 없고 빌릴 수 있는 능력도 없었다. 장비는 둘째 치더라도 수리 공간 임대할 비용도 없었다. 슬픈 현실이다. 어떻게 살았는지 인생이 이 지경까지 왔는지, 서글프고 한심하다.

막막한 앞길은 멀리만 바라보는 처지가 됐다. 인간이 세상에 올 땐 자기 마음대로 온 것은 아니지만, 이미 세상 사람이 됐으면 자신에 대한 책임도 있고, 사회에 대한 책임도 있으니, 저세상으로 갈 때까지 최선을 다해야 한다.

굶어 죽으란 법은 없다. 사람이 이 세상에 올 땐 자기의 몫을 가지고 온다고 했다. 아무리 어렵고 힘든 환경이라도 위기를 벗어날 길은 반드시 있다.

생각도 하지 못 한 친구가 도움을 줬다. 생각만 해도 기적 같은 일이다. 별로 연락도 없던 친구이고, 그렇다고 내가 먼저 손을 내민 것도 아니다. 나의 처지가 불쌍해 보였는지 아니면 하늘에서 보내준 천사인지 모르겠지만 아마도 하늘에 계신 하나님이 나의 기도를 들어주시고 은혜를 주신 것은 맞는 것 같다.

당시 친구가 삼백만 원을 나의 통장으로 입금해주었다. 빌려준다고 한 적도 없으니 아마도 그냥 잘 살라는 깊은 뜻이 있었던 것 같다. 지금은 신림역 사거리 도보 5분 거리에 10층 건물빌딩 5층에 있고 수리 연장 및 장비도 전부 갖추고 있으며 수리하는 데 전혀 불편함이 없다. 물론 그 돈도 갚았고, 지금의 액수는 문제가 아니라 친구에게 진 빚은 나를 살려준 은인과도 같은 천금이고 생명 금전이다. 뜻깊은 것을 마음속에 두면서 평생을 감사하며 갚아 나가는 것이다.

과거를 알고 미래를 향한 희망과 목표를 세우고, 지금 어려운 환경에서 힘든 것을 이겨내야 다시 우뚝 설 수 있다. 인생에서 기회가 마냥 있는 것은 절대 아니다. 기적 같은 기회를 놓치면 두 번 다시 온다는 보장은 없다. 과거는 과거이고 미래는 미래이다. 과거의 오점은 교훈으로 삼는다. 새로 시작하는 삶에서 두 번 다시 같은 실수를 범하지 말아야 한다. 미래에 희망, 목표, 열정적인 자세로 임하는 것은 결코 나쁜 결과로 이어지지 않는다.

남에게 인정받으려고
인생을 버리지 말자

허세, 체면, 인정 받으려는 욕구.

서로 다른 뜻이지만 분명 상관관계는 존재하며 "허세"를 추구하고, "체면"을 지키려다 결국은 할 일도 못 하고, 먹을 것도 못 먹고, 꼭 해야 할 것도 못하면서 남에게 인정받으려는 실속 없는 허무 인생은 바보 인생으로 전락하고 만다.

'오는 것이 있어야 가는 것이 있다'라는 말이 있다. 남에게 인정을 받으려면 남의 마음을 먼저 헤아리고, 남의 입장, 능력, 장점 등 먼저 인정해줘야 한다. 남의 능력은 인정하지 못하고 자신만은 남에게 인정받으려고 한다면 이기적이다.

이것은 개개인의 습관, 환경, 추구하는 지향점이 다르기 때문이다. 나의 인정받으려는 욕구는 남의 인정 욕구와 같을 수도 있고 다를 수도 있다.

남이 인정받으려는 욕구를 무시하면 갈등이 일어나고 인연까지 끊어버리는 일이 생긴다.

이제는 허세, 체면, 인정 받으려는 욕구는 중요하지 않다. 현실을 인정하려는 자세에 집중한다. 불과 십여 년 전만 해도 가진 것이 없어도 외제차를 구매해서 허세를 부리고 불필요한 참견을 해서 체면을 지키고, 마치 외제 차를 타고 돈을 펑펑 쓰면 남에게 인정받는다고 생각했다. 다시 생각해보면 그 시절 참으로 어리석었다.

친구들과 모이면 이런 허세도 부렸다.

"외제차를 타면 끼어들기가 줄어들어."

"디지털 시대에 맞게 IT 사업을 하면 몇 억씩 버는 것은 시간문제야."

"그까짓 것 몇 푼 된다고. 오늘은 내가 계산한다."

"그 일은 나한테 맡겨. 너는 좋은 소식만 기다려."

"오늘은 내가 쏜다. 2차는 좋은 곳으로 가자."

"무슨 일이든 사람은 큰물에서 놀고 큰 사람이 돼야 한다."

이렇게 큰소리쳤다. 뿐만 아니라 결혼 축의금은 다른 친구들과 같은 금액으로 하면 되는데 군이 체면 때문에 부담하기 힘든 축의금을 냈다. 병문안을 갈 때면 혼자 조용히 가면 될 텐데 다른 사람의 사정은 생각지도 않고 입소문을 냈다. 체면 때문에 마치 내가 갔으니 너도 가라는 식으로 말해서 미움도 샀다. 남에게 인정받으려고 있는 것, 없는 것, 할 것, 못 할 것 없이 분수도 지키지 못하는 행위는 자신을 궁지로 내몰고 파멸로 가는 지름길이다.

외제 차를 운전해서 앞에 끼어든다고 해서 가는 길이 막히는 것도 아니고 일상생활에서 주고받는 것도 우정이 상하지 않을 만큼만 하면 되는 것이다. 내가 참견하지 않아도 분명 그 일은 해결될 것이다. 남이 사업을 벌여 몇 억 씩 벌어도 내가 하면 다를 수 있다.

음식을 만들어서 맛이 있을 때 맛있다고 인정할 수 있다. 아무리 고급 재료, 고급 호텔 테이블에서 먹어도 맛이 없으면 인정받지 못한다.

살아가는 데는 많은 고통이 따른다. 삶의 기반을 흔들어 놓을 만큼 불행한 사건은 아니어도 평범한 일상 어디서나 괴로움은 존재한다.

명절 날 남들은 가족과 함께 행복하게 지낼 때, 나만 혼자 지낸다. 남들은 맛있는 식사를 하는데 나만 제때 식사를 하지 못한다. 친구가 나의 능력을 무시할 때, 상사에게서 업무에 대한 꾸지람을 받을 때, 계획한 일이 뜻대로 되지 않을 때 등 괴로움과 심적 고통은 어디에나 있다.

마음에 고통을 안겨주는 정도는 달라도 '남들은 모두 다 행복하게 잘 살고 있는데, 왜 나만 이렇게 괴로울까?'라는 생각이 들 때면 참을 수 없을 만큼 고통스러워지고 비참함 마저 느낀다. 이처럼 남과 비교하는 것은 상대적 빈곤감과 고통의 가중치를 크게 높인다.

"사람과 사람을 비교하지 말자"라는 말은 언제 봐도 틀린 말은 아니다.

노트북 수리를 하면서 가슴이 벅차고 뜨거운 열정을 느낄 때나 의견이 충돌하고 이익이 충돌할 때는 비애감마저 느낀다. 더욱 수리 실력을 인정받으려고 가진 노력은 두말 할 필요도 없다. 아무리 수리비용이 저렴하고 대면 서비스가 최고이고 수리장비 수리환경이 좋아도 수리결과가 좋지 못하면 실력을 인정받기란 불가능하다. 노트북 수리 실력을 인정받는 것도 나 스스로가 인정하는 것이 아니고 남이 수리를 잘한다고 할 때 비로소 인정을 받게 되는 것이다.

수리 실력을 차곡차곡 쌓으면서 제품을 완벽하게 수리해서 고객이 적극적으로 찾아오도록 기다리는 것이 좋은 방법이다. 이 또한 나이가 들면서 알게 되었다.

조롱, 비난, 무시 등과 관련된 고통을 받는 것은 나만의 노력으로 해소하기 어려운 것이 많다. 사람은 환경에 절대적인 영향을 받을 수밖에 없다. 열악한 환경에 의해 극심한 고통을 받을 수밖에 없다.

인정받으려는 욕구는 본능적인 욕구만큼이나 강렬하고 중요하다. 남에게 인정받지 못하면 큰 고통을 겪는다.

모든 것을 얻는다고 해서 인정받는 것이 아니다. 인정받으며 살아간다면 만족스러울 것이다. 남에게 인정을 받으려고 올인하고 모든 것을 포기하면서까지 집착하지 말자.

막노동 배달직

고대 문명에서 지금까지 인류 발전은 노동으로 얻은 결과이다. 노동의 사전적 의미는 '사람이 생활에 필요한 물자를 얻기 위해 육체적 노력이나 정신적 노력을 들이는 행위'다. 통상개념으로 노동은 일이다. 일은 누구나 꼭 하고 방법과 과정은 달라도 궁극적으로 공통된 목적으로 이루어진다.

갓난아기가 본능적으로 엄마의 가슴을 찾으며 젖꼭지를 입에 넣은 것은 인간은 태어나서부터 부단한 노력으로 노동을 통해 먹고 산다는 것을 알고 있다.

사람은 환경과 조건에 적응하며 그에 맞는 일을 한다. 태어나서부터 정해진 노동은 없다. 수많은 사람이 성장해 오는 과정에서 이런저런 많은 일을 하며 경험을 했고, 또한 사업 실패에 따른 경제적 궁핍한 현실에 어쩔 수 없이 힘든 일들을 해봤을 거다.

노트북 수리를 하기 전에도 나는 포장,건설현장 등에서 온갖 일을 해봤다. 지금도 프리랜서로 수리를 하면서 밤에는 음식점의 배달 일을 하고 있다.

노트북 수리 시작 전에 했던 잡일들이 노트북 수리 직업을 얻기 위한 목적이었다면 지금의 음식 배달은 그때와 목적이 다르다. 음식 배달 일을 하는 것은 경제적 어려움으로 무슨 일이든지 해야 해서 선택의 여지가 없었다.

은인 같은 친구의 도움으로 시작한 노트북 수리점은 개업 비용은 삼백만원에 불과했다. 기본적인 수리 연장인 인두기, 작업 테이블 등 최소한의 장비만 구비했다. 그래도 돈이 부족해서 제2의 직업을 찾아야 했다.

배달 일을 하면서 누구에게도 알리지 않았다. 심지어 친구들에게도 알릴 수 없고 가족에게도 비밀이었다. 허세도 체면도 아니었다. 그냥 내 처지가 부끄러움이 앞섰다. 노트북 수리점은 9시에 시작해서 18시에 퇴근한다. 배달 일은 18시는 시작하여 24시까지 한다.시간 배정도 맞게 찾았다. 또한 음식점이 노트북 수리점 바로 옆에 있어 출퇴근에 부담이 없다. 처음 하는 일은 언제나 낯설고 어려운 부분도 있었지만 힘들어도 시작했다.

배달 일이 쉽지 않을 거라고 생각했다. 골목골목 길을 알 수 없는 초보자 에게는 배달 시간을 지연시켰다. 골목에서 헤매고 찾지 못 하는 일도 비일비재했다. 음식이 식으면 고객의 원성을 사는 것은 물론이다. 사장님의 꾸지람도 들어야 했다. 음색 배달직은 목적지에 음식이 식기 전에 빠르게 배송해 주는 것이 제일 중요하다.

비가 오든 눈이 오든, 교통상황이 마비가 오든, 음식을 주문받으면 빨리 배달해야 한다.

비가 오는 날은 매우 위험하다. 촘촘한 보슬비는 오토바이 운전에 치명적이다. 미끄러져 순식간에 사고가 날 수 있다. 그렇다고 음식을 주문한 사람은 미끄러운 도로 상황을 이해해주지 않는다. 빠른 속도로 위험을 무릅쓰고 배달한다. 장대비는 더욱 위험이 따른다. 아스팔트길 위에 있는 하수도 뚜껑은 오토바이가 공포의 뚜껑이다. 비 오는 날의 하수도 뚜껑은 사고로 이어지는 함정이다.

겨울철 음식 배달은 목숨을 도로 위 바닥에 내놓고 달리는 것과 마찬가지다. 영하 10도면 체감온도 영하16도쯤 된다. 오토바이 운전사는 그보다 훨씬 추운 영하 20도가 넘는 체감온도를 느낀다. 거대한 얼음 바위 위에 죽음을 기다리는 느낌이다. 차가운 바람이 안전모자와 얼굴 피부 사이에 스칠 때는 칼로 살을 오리는 듯한 아픔이 오고 찬바람을 맞는 눈에는 이슬이 맺혀 앞을 가린다.

면바지에 겨울 점퍼는 3중 4중으로 겹겹이 입고 목도리를 꽁꽁 메도 매서운 찬바람은 온몸으로 스며들며 차가운 칼바람을 맞받는 얼굴 살은 찢어지는 듯 고통을 주고 장시간 추위와의 사투는 온몸이 감각마저 없어진다. 추운 겨울은 나를 하여금 극한 시험을 주는 듯하다.

그래도 '고생 뒤엔 낙이 있다고 했다.' 배달 일을 해서 행복하다. 노트북 수리를 다시 시작한 지도 몇 년이 됐고 인두기 하나로 시작하던 지금은 모든 장비도 갖췄고 전국 거래처도 꾸준히 증가해 안정 되었다. 배달 일을 그만두어도 될 만큼 회사 규모도 커졌지만 정든 일에 손을 뗄 생각은 없다. 지금은 매일 나가진 않지만, 군기반장 채찍처럼 자신의 마음가짐을 다스리는 데는 배달만 한 일도 없다.

초기에 수리점을 홍보하는 전략이 무엇보다 중요하다. 수리점을 마케팅하지 못 하는 것은 문을 닫고 손님을 기다리는 격이다. 초기 자본으로는 홍보 전략은 꿈도 못 꾼다. 할 수 있는 것은 몸으로 부딪혀서 정성껏 최선을 다하는 자세로 수리 고객을 한 분 한 분 맞이하는 방법뿐이다. 먹고 사는 문제가 제일 우선시되었다.

양심을 버리지 않고 정도를 걸어온 것이 지금의 나를 있게 했다. 정직하고 당당하게 일해서 떳떳하게 사는 게 수 많은 사람의 기대를 저버리지 않는 삶이다. 배달직이면 어떻고 건설현장직이면 어떠냐. 자신을 속이지 않고 자신에게 떳떳한 일이면 멈추지 않을 것이다. 정신적으로나 육체적으로나 고단하고 힘들어도 행복한 삶이고 뜻깊은 삶은 틀림없다.

노동은 위대하다. 무럭무럭 자란 아이들만 보아도, 생활의 풍요로움을 보아도, 인류의 발전상을 보아도 모든 것은 노동의 결과이다. 노동의 위대함을 존중해야 건전한 미래가 보장된다.

신이 인간에게 준 최고의 선물은 노동이 아닐까? 모든 성과는 노동에서 시작한다.

막노동은
나를 강인하게 만들다

　선택의 강요를 받을 때 지혜롭게 받아드리는 것도 중요하다. 좋은 대학을 나왔다고 출세한다는 보장도 없다. 대기업에 취직했다고 승진을 보장받는 것도 아니다. 아무리 고위직에 있고, 부자라도 인생관을 호도하고 삶의 가치를 인정치 못하면 내면의 삶은 비관적이고 비참해진다.

　몇 년이 지났음에도 선명한 장면이 있다. 배달 목적지를 찾지 못해 여기저기 골목길을 헤매던 배달 초보 시절, 남들이 무시의 눈빛을 참지 못해 자신을 미워하던 그 시절, 미끄러져 넘어지면 근육의 아픔보단 마음의 고통이 심했던 그 시절, 차가운 칼바람을 마주치며 달리던 장면은 잊고 싶어도 잊히지 않는다.

　오토바이에는 내비게이션이 없다. 출발 전 인터넷 지도를 확인하거나 스마트폰으로 지도를 확인해야 한다. 처음에는 목적지 근처에 도착해서 낯선 골목길을 헤매며 여기 같기도 하고, 저기 같기도 해서 도착지를 찾으며 애가 탔다. 음식의 따뜻함을 유지하며 목적지에 배송하는 것이 음식 배달의 꽃이라면 피자는 따뜻한 치즈의 맛을 살리는 것이 피자 배달의 생명이라 할 수 있다.

중간 브랜드 피자 가맹점의 배달 지역은 서울시 한 구 전체를 배달 가능 구역으로 정해져 있다. 자신이 사는 동네라도 골목 곳곳을 아는 것도 아니고 더구나 20여 동이 넘는 구 전체 지역을 구석구석 누비며 신속하게 배달하는 것은 초보자 배달원에게는 불가능하다. 지도에도 정확하게 표시가 안 된 골목길도 있다. 이런 실수를 면하기 위해서 출발 전 네이버 지도에서 인지하고 출발하는 것은 필수다. 또한 보완 차원에서 요즘은 스마트폰도 꼭 휴대한다.

골목길은 많이 다니고 익숙해지는 외에 다른 방법이 없다. 지도를 몇 번이고 인지하더라도 낯선 골목길은 초보 배달원에게는 공포의 길이다.

예컨대 추운 겨울밤에 낯선 동네로 배달을 가면 인터넷 지도와 현 지도가 완전히 다른 경우도 있고 낯선 길을 헤매고 돌면 피자를 식히는 일은 시간문제다. 근처에서 고객에게 전화해서 걸어서 나오는 시간이면 이미 피자의 생명은 상실했다.

상황 대처법과 접근법은 사람마다 다르다. 대면에서 직접 불만을 토로하는 분도 있고, 태연하게 피자를 받아 뒤돌아서 가게에 전화를 걸어 강력한 불만을 제기하는 분도 있다. 심지어 본사에 전화를 걸어 태클을 거는가 하면 격한 말을 사용하기도 한다.

　초보자 시절 참기 어려운 것은 죄인을 쳐다보는 눈빛으로 어린아이에게 명령하듯이 격한 어조로 말하는 이들도 있었다. 환급 혹은 재배송을 원하면 요구를 표시하면 된다.

　스스로에 대한 원망과 미움은 커져 갔고 마음의 고통은 억누르기 힘들었다. 겨울눈의 미끄럼에 비해 빗물의 미끄럼은 상대가 되지 못하다. 추운 겨울에 도로는 얼어 있는 상태에 빠른 속도로 운전하면 매우 위험하다.

　눈의 양에 상관없이 도로 표면에 눈이 있으면 오토바이는 일자운행만 가능하다. 조금이라도 각도가 비틀면 바로 넘어진다. 매서운 찬바람은 옷깃을 따라 스며든다. 한기는 몸을 오싹하게 하고 추위에 장시간 노출되면 사람의 온기마저 없어진다. 아무리 오토바이 운전 실력이 뛰어나도 춥고 미끄럼에 능한 자는 없다. 겨울에 자주 넘어지는 일은 이미 일상이 된 지 오래됐다.

　죽을 뻔했던 교통사고를 당했다. "천국과 지옥을 오갔다" "저세상의 저승사자를 봤다" 말은 사고를 당해 사경을 헤매다 기적적으로 살아난 분들에게 들었다. 아마 겪은 사람만이 알 것이다.

　신림2동 사거리서 신호를 받고 출발하던 때였다. 무엇이 나를 하늘로 떠받치는 느낌이었다. 승용차가 덮치면서 오토바이는 몇 미터 밖으로 튕겨 나갔고 나는 공중부양을 하면서 땅바닥에 떨어졌다. 마치 영화의 한 장면이었고 솔직히 저세상의 저승사자를 못 봤다. 공중부양하는 순간 "인간은 이렇게 죽는 구나"생각만 들었고 아무런 기억도 없다. 기절했기 때문이다. 정신이 조금 들었을 때는 감각이 없고 어딘가 소리가 들리는데 작은 전기로 자극을 주는 느낌이었다. 119구급차 인 줄은 몰랐다. 완전의식을 되찾기까지몇 시간이 걸렸다.

인생이 별것 없다는 것을 증명하는 순간이었다. 무슨 생각인지 모르겠다. 어떤 말도 필요 없고, 어떤 욕심도 없고, 어떤 생각도 없었고, 그토록 원망도 많았던 것도 그토록 살겠다고 욕심 부린 것도, 그토록 많았던 애증도 머릿속에는 없었다. 그냥 살아있다는 것만 알았을 뿐이다.

의식을 찾고 보니 양 눈 사이로 뜨거운 눈물이 하염없이 흘러내렸다. 누군가가 닦아 주었다. 가족들과 지인들이 모였다.

이 일은 내 생각의 변화를 일으켰다. 나로 하여금 인내심을 주었다. 배려심도 생겼고, 타인에 대한 책임의식도 강해졌다. 세상에는 혼자 사는 게 아니라고 새롭게 깨달았다.

실패를 말할 때 실망이란 단어가 떠오른다. 무엇인가 뜻대로 되지 않았을 때 좌절과 절망, 슬픔과 분노가 온몸에 오싹하게 스며드는 경우가 있다. 기대가 크면 클수록 실망도 커진다.

"조금만 더 잘 했으면 됐을 건데?"

"생각처럼 잘 될 줄 알았는데?"

"이것만 안 해서도 잘 되는데?"

이렇게 말한다면 미련이 있고, 실망과 싸우고 있다는 증거다. 차라리 기대하는 바가 무엇인지 생각해보고 기대와 실망을 당당히 인정하는 지혜가 필요하지 않나 싶다.

막노동도 돈을 벌 수 있다. 가정을 꾸릴 자격도 있다. 떳떳하게 막노동을 해서 부모님에게 무언가를 해줄 수 있고, 아빠로서 당당하게 자식들에게 필요한 것에 배풀 수도 있다. 사랑하는 아내에게 소박한 행복을 나눌 수도 있다.

지금은 말할 수 있다. 세상의 모든 일은 위대하다. 배달 일을 하면서 무시하는 눈길도 마주 볼 수 있게 지혜를 주었다. 위험하고 어려운 작업 환경에서도 굳건히 버티는 정신력을 얻었다. 넘어지면 일어나고 쓰러져도 다시 일어설 수 있는 용기를 줬다. 막노동이 나를 강인하게 만들었다.

실패해서 무기력감을 느끼는 것은 실패와 좌절과 절망을 현실로 받아들이는 용기가 없기 때문이다.

솔직해지는 것이 중요하다.

진짜 가난은

지나온 5000년의 역사는 가난의 역사다. 가난을 대물림 받는 역사이다. 단군 이래 행복한 시대를 살았다는 역사 사료는 찾아보기 힘들다. 임진왜란부터 동족상살 6.25전쟁 때까지 흉년을 겹치고 전쟁 고통 속에서 고아들은 풀을 뜯어 먹는 잔혹사는 불과 몇 십 년 전에 일어난 일이다.

일본 강점기에 걸쳐 공화제 전까지만 해도 배고픔의 설움에 시달렸다. 가난에서 벗어나 잘 먹고, 잘 자고, 잘 입는, 기적이 일어난 건 몇 십 년의 역사에 불과하다.

김치 조각에 밥만 배불리 먹어도 행복이라 생각했던 때가 있었다. 물질적으로 풍요로운 삶은 아니지만, 부모님의 사랑도 있고 관심이 있었기에 가난한 빈자리는 크지 않았다. 어린 시절에는 모두가 넉넉한 생활이 아니기에 가난했다고 할 수 있다.

가운이 기울기 시작한 것은 아버지가 세상을 떠나서부터다. 화목하고 행복했던 가정은 하루아침에 기울어졌다. 생계를 위해 각자 독립하면서 나는 기술자 길을 시작했다. 매우 어려운 시기를 보냈다. 무일푼이지만 마음만은 희망이 가득했다. 집에서 학원을 가려면 도보로 80분은 소요된다. 버스비가 없어서 걸어갈 때 많았다. 버스비가 생기면 그 돈으로 라면 하나라도 더 먹는 게 나았다. 그때 평생 먹을 라면을 다 먹었다. 지금은 라면에 눈도 안 간다. 그때 하루에 두 끼 먹는 습관이 생겨서 지금까지 이어지고 있다.

욕심이 과하면 야심이 되고 야심은 걷잡을 수 없는 파멸을 부른다. 조금 어려워도, 조금 가난해도, 조금 서러워도, 조금 덜 먹더라도, 사람은 쉽게 죽지 않는다.

자신에 대해 좀 더 솔직해지자. 무리를 하면서까지 체면을 세우려고 하는지 생각해 보자. 남들이 외제차를 탄다고 나도 타야하는 것은 아니다. 도보로 가는 건 건강을 위해서다. 남들이 고급 포도주를 마시면 나도 마셔야 하는 것은 아니다. 형편에 맞는 술이 맛있었다. 서민들이라고 자처하면서 찢어진 옷을 입고 다니는 사람을 찾아보기 어렵다. 서민이라고 자처하면서 온갖 브랜드를 선호한다.

어쩌면 가난의 공포는 어린아이에게만 있는 것은 아니다. 은퇴한 노후 가난은 또한 심각하다. 날씨와 상관없이 폐휴지와 박스를 줍는 연로한 분들을 흔히 볼 수 있다. 낡은 모자에 헐렁한 옷차림으로 허리를 굽은 채

생존에 사투를 한다. 그분들의 젊은 시절은 분명 혼신의 몸을 다해 자식에게 헌신했다. 가난이 끝없이 이어진다고 생각하면 막막하다.

진짜 가난한 삶을 사는 사람들이 엄청 많다. 난방비가 아까워 영하 온도에서 혹독한 추위와 싸워야 하고, 난방비를 줄이기 위해 차가운 얼음물에 식기를 닦는다. 의지할 곳 없는 홀로 사는 노인들은 나라를 이끈 주역임에도 불구하고 밥에 김치 조각만 먹어도 행복해한다.

가난한 사람도 따뜻한 방에 있고 싶고 따뜻한 피자도 시켜서 먹고 싶다. 하지만 가난해서 그럴 수 없다. 가난은 그 분들의 잘못이 아니다.

부자 엄마 인진주 (마가렛 닝겟토, 69세 스위스) 씨가 강연 중 이런 말을 했다. "나도 어릴 때 가난했어요. 가난은 부끄러운 게 아니고 사랑 없이 무관심 속에 살아가는 것이 진짜 가난이에요." 이 말을 듣는 순간 가슴 한쪽이 뭉클했다. 맞다. 가난은 부끄러운 게 아니고 창피한 것도 아니다.

가난은 그저 가난일 뿐이다. 남들보다 조금 부족하다고 인생이 부족한 것도 아니고, 남들보다 비싼 음식을 못 먹는다고 죽을병에 걸리는 것도 아니다. 남들보다 좋은 옷을 못 입는다고 여름엔 헐벗어 다니는 것도 아니고 겨울엔 얼어 죽는 것도 아니다.

"가난은 네 잘못도 아니고 내 잘못도 아니다. 우리 모두의 잘못이다."

민주 공화제 이래 군사혁명이나 새마을 운동이나 궁극적 목표는 가난을 벗어나고자 피와 땀 생명을 담보로 가난을 벗어나고자 열정과 민족의 저력을 보여주며 "잘 살아보세"를 외쳤다. 가난을 후세에 대물림을 않겠다고 다짐했던 선대들은 자랑스러운 아버지여 어머니였다.

나도 가정을 사랑한다

어느 한 연구조사 결과가 떠오른다. 우리나라 성인을 상대로 '행복'하면 떠오르는 것을 글로 적으라고 했다. 그 결과 놀랍게도 '가정', '가족'이 제일 많았다. 유교 문화의 영향으로 가족 중심 사회란 뜻이기도 하다.

나에게 '가정'하면 떠오르는 것은 '책임'이란 단어다. 그만큼 마음 한구석에 찔리는 곳이 많다.

노트북 수리에 올인했던 나에게도 봄날은 있었다. 2000년대에만 해도 컴퓨터 열풍은 대단했지만, 컴퓨터 전문가는 많지 않았다. 어린 시절 성장 환경 때문인지, 어렵게 배운 노트북 수리기술 때문인지 가진 것은 없어도 베푸는 삶에 관심이 많았다. 우리나라 원로 목회자의 제안을 받아 전국으로 돌면서 컴퓨터 교육을 이주민 노동자들을 위해 강의를 시작했다.

평일에는 출근하고 주말에는 어김없이 전국 각 문화센터 시간표에 따라 이동했다. 또한, 자원봉사 동아리팀이 있었는데 함께 이동했고. 활기찬 청년 열정과 혈기로 넘치는 나를 동생처럼 보살펴주고 아껴주던 팀원들과 가족처럼 지냈다.

유난히 새까만 눈동자는 초롱초롱하고 긴 머리는 햇빛에 반짝반짝이고 검소한 옷차림은 순수해 보였고 배려심이 많은 여성분이 매력적이었다. 뜻깊은 일도 함께라면 인생 여정도 함께 하기로 사랑의 꽃을 피웠다.

세상을 얻은 듯 행복했고 사랑과 열정으로 우리는 하나가 되었다. 불과 몇 년 사이에 아파트도 마련했고 작아도 알짜인 가게도 있었고 차량도 샀다. 부자는 아니지만 평안한 생활을 누렸고 행복은 영원할 줄 알았다.

그런 생활에 너무 안주했던 것일까. 욕심이 욕심을 키운 탓인지 부동산만 남겨놓고 모든 재산을 모아 사업 현장에 뛰어들었다. 욕심이 과해 야심이 됐고 야심은 패망을 가져왔다.

사업을 한다고 밖으로만 돌았고 안하무인 오만한 자세는 나의 희망을 좌절로 바꾸어버렸다. 무식한 놈은 어쩔 수 없다고 세상의 법칙을 무시하고 나 멋대로 살아왔다.

쌀쌀한 추운 겨울에 아내가 말했다.

"자기야. 냉면이 너무 먹고 싶어. 같이 가서 먹자."

생각도 없이 바로 대답했다.

"이 추운 겨울에 무슨 냉면이야. 자기가 좋아하는 것 먹자."

그 말이 평생의 한으로 갈지 몰랐다. 아내가 먹고 싶은 것이 아니고 우리 아기가 뱃속에서 먹고 싶었다. 남자가 듣기에 여자의 이런 말들이 이상하게만 느껴졌다.

늦은 밤, 친구에게 전화가 오면 사업을 한다는 핑계로 주저 없이 밖으로 나간다. 아내는 말하곤 했다.

"자기야. 배가 아프고 몸도 안 좋고 피곤하니 나가지 말고 같이 곁에 있을 줄래?"

하지만 나는 이렇게 말했다.

"금방 올게 먼저 자."

그 날은 아이가 유산되던 날이었다.

슬프다.

괴롭다.

남자의 자격도 없지만, 아빠의 자격도 없다. 죗값은 치러야 하는 것이 이치이니 나는 잘못했고 가장 엄한 대가를 치러야 했다.

나는 지금도 그 대가를 치르고 있다.

내 부모가 소중하면 아내의 부모님도 소중하다. 내 가족이 소중하면 타인의 가족도 소중한 것이다. 먼저 베풀어야 인정이 오는 것이고 먼저 사랑을 해야 사랑을 받는 법이다.

한여름 아주 더운 때 대구에 있는 처제 내외가 휴가 겸 아이들까지 함께 왔다. 화기애애하게 손님을 맞이해도 부족할 판인데 우리 둘은 있는 것 없는 것 다 보여주고 말았다. 결국은 크게 싸우고 처제는 울면서 아이들을 데리고 대구로 돌아갔다.

나에게 책임이 크다. 아무리 화가 나더라도 그때는 참는 것이 도리다. 서로에게 아물지 않는 상처가 됐다. 또한 사업의 실패가 치명적이었다. 실패를 받아들일 줄 아는 사람은 성공한 사람이고, 냉정함을 되찾는 사람은 성공할 사람이다.

가정은 누구에게는 행복하고 따뜻한 보금자리가 되기도 한다. 그러나 누구에게는 불행하고 절망을 주는 지옥이기도 하다. 그만큼 가족 구성원들의 화합과 화목, 일체동심으로 노력하는 것이 중요하다.

지금은 어떤 어려운 일이 있더라도 정도를 걷고 기대를 저버리지 않고 굳건하게 살아가려고 한다. 힘들고 지쳐 있을 때 행복한 가정이 그립다. 그 자리가 있을 땐 몰랐다. 없으니 옆구리가 시려지는 것을 죗값으로 생각한다.

행복한 가정, 따뜻한 가정.

나는 간절히 필요하다.

가정이 있는 곳으로 조용히 가고 싶다.

길은 사람이 만든다

사람이 평생 이 세상에서 살아가는 행보, 삶의 여정, 인생의 갈 길, 고통스럽고 힘든 인생살이를 인생길이라고 한다.

세상의 길은 사람들이 만든 것이다. 원래 길이 없었지만 다니는 사람이 많아지면서 길이 만들어진다. 인생의 길도 사람이 만드는 길이다. 인생의 길은 자신이 주인공이 된다. 삶의 행복한 순간도, 고통스럽고 어려운 인생길도, 외롭게 혼자서 간다.

이십 대에는 취업전선에 뛰어들었고, 삼십 대에는 가정을 꾸렸고 사업에 도전했다. 사십 대가 되면 인생의 꽃을 피우는 절정의 시기만큼 고통이 따른다. 그만큼 하는 일에 보람과 희열을 느낀다.

앞으로 무엇을 하고 살아야 할지 노후는 어떻게 준비해야 할지 머리가 터지도록 고민한다. 다시 한 번 혹독한 '중년의 사춘기' '중년의 갈등'을 겪게 되는 것이다. 또한, 인생에서 제2의 인생을 다시 시작할 수 있는 가장 젊은 나이고 가장 용기가 있는 시기이기도 하다.

과학 기술의 발달로 인간의 삶은 더욱 치열해진다. 좋은 대학을 졸업하고, 좋은 직장에 취직하고 좋은 스펙을 쌓는다고 해서 그것이 결코 성공으로 이어지지는 않는다. 시간은 우리를 기다리지 않는다. 인생길은 만들어 놓은 것이 아니다.

이십 대에 인생을 공부하는 시기였고 삼십 대는 암울하고 어두운 시기였다면 사십 대에는 깊은 잠에서 깨어나 제2의 인생을 다시 시작하는 시기다.

시간은 내 편이 아니다. 인생의 길은 결국 자신이 주인이 되고, 자신이 개척자라는 것을 뉘우쳐야만 지금의 나를 있게 해준다. 그래서 지금 뜻깊게 살아가고 있다.

성공한 사람들의 공통된 점은 모든 일에 있어서 열정적으로 행동을 실행한다는 데 있다. 실패한 사람들의 공통점은 지금 할 일을 다음으로 미루고 오늘 할 일을 내일로 미룬다.

나 역시 삼십 대에는 이렇게 했다. 지금 해야 할 일도 다음으로 미루고 내일로 미뤘다. 모든 일은 다음으로 시작해서 내일로 끝났다. 일만 끝난 게 아니고 30대 인생도 끝났다.

과거에 관해서 아쉽지 않은 사람이 있을까.

"그때가 아쉽다."

"그때 좀 더 열심히 할걸."

"내가 10년만 젊었어도……."

하소연을 늘어놓는 사람이면 한 번쯤은 이렇게 되묻길 바란다.

"내 나이가 어때서?"

무엇을 깨닫게 될 때가 다시 시작할 타이밍이다.

모든 일은 미루지 말자. 오늘의 일을 내일로 미루면 영원히 내일만 기다리게 된다.

마흔 이후, 인생을 편히 나눌 친구가 여럿이 아니라도 괜찮다. 진심으로 말할 수 있는 한 명만으로도 큰 위로와 격려가 된다. 같은 기술직으로 삶을 사는 의류 페턴사 친구는 매일 통화를 할 정도로 인생의 모든 것을 대하여 솔직하고 현실적인 이야기를 나눈다.

인생 여정은 건물 짓기와 같다. 너무 빨리 짓다 보면 부실공사로 이어지고 곧 건물 붕괴라는 파멸을 가져온다. 인생도 너무 빨리 달리는 것보단 안정적인 속도를 유지하는 것이 좋다. 장애물, 가시밭길, 함정 등의 어려움이 있어도 냉정함을 잃지 않으며 지혜와 용기로 난관을 파헤치며 승리의 길로 갈 수 있다.

지금 잘 나간다고, 평생 잘 나갈 것처럼 착각하게 되면 돌이킬 수 없는 역풍을 맞는다. 가난하다고 평생 가난하게만 사는 것도 아니다. 지금 잘 나간다고 평생 잘 나간다는 보장은 없다. 우리 조상들의 가르침에는 '일이 잘될 때 몸을 사리라고 했다. 일이 잘 안 될 때 한 번쯤은 뒤돌아보라고 했다.' 이것이 인생이다.

'인생은 한방 이 있다'라는 말은 인생길에서 몹시 어려운 일에 부딪혔을 때 '한 방'에 난관을 해결했다 뜻이다. 한 방에 억만장자가 되고 한 방에 성공했다는 것은 현명한 것은 아니다.

살아가는 데는 여러 갈래의 길이 있다. 어느 길을 택하든 최선을 다하고 후회 없는 인생이 최고다. 결코 쉬운 여정이 아니지만 열정과 노력으로 이루어지는 것이 인생이다.

요시노리는 중년 이후가 "남 눈치 볼 것 없이 그저 '자신이 주인공'이 되는 시기고, 누구의 간섭도 없이 마음이 시키는 대로, 오랫동안 내면에서 잠자고 있던 자신만의 재미를 위해 시간을 보낼 수 있는 시기"라고 말한다. 나는 아직 그 나이는 아니지만 '나이 들고, 돈을 벌어야 한다는 생각에서 벗어나고, 기대지 않고 스스로 살고, 오랫동안 남의 것이었던 시간을 찾아오고, 집착을 버리는' 것은 현명하다고 생각한다.

고달픈 인생길이지만 누구에게나 기회가 찾아온다. 그것을 지혜롭게 이용한 사람은 성공할 수 있다. 애써 찾아온 기회를 다음으로 미루는 사람은 실패한다.

결국 인생길은 자신의 길이고 어떤 길을 선택할지 자신만이 알고 있다.

겸손만이 살 길이다

인생을 살아가면서 누구나 불이익을 당하거나 손해를 본다. 타인의 기세에 억눌려 스스로 작아지는 느낌을 받을 때도 있고, 남들에게 배척을 당할 때도 있다. 겸손해서 당하는 경우보다는 자만과 교만에 빠져 당하는 경우가 더 많다.

겸손의 사전적 의미는 '자신(마음)을 낮추며 상대방을 인정하고 높이는 욕심 없는 마음 상태다. 자신의 죄성과 한계를 인정하고 하나님께 의지하는 자세'이다. 종교적 개념에서 많이 사용되는 것을 알 수 있다. 서양 문화권의 종교 개념이다.

유교 문화권인 동양에서 겸손은 관용(寬容), 부쟁(不爭), 무욕(無慾), 허정(虛靜) 등 개인의 도덕적 삶을 위한 수양의 덕목으로 여겨 왔고 요즘 말로 하면 자신이 성취한 것, 자신이 성공한 것, 자신이 누리는 모든 것은 자신이 잘 생겨서, 자신이 능력이 있어서, 자신이 똑똑해서가 아니라 여러 사람의 관심과 도움에서 오늘의 내가 있었다고 느끼고 감사함을 아는 것에서 오는 마음 자세다.

즉, 자신의 수준뿐만 아니고 자신의 생각, 의중, 자신의 한계점을 정확히 알고 자신의 이익보다는 남의 이익을 먼저 생각하고 남의 대한 배려심이 중요하다.

겸손의 근본은 포용과 용서이다. 사람은 자기 생각을 남에게 주입시키려 하고 남의 생각엔 거부감을 느낀다. 용서와 포용의 부족함에서 생기는 이유 때문이다. 인간은 누구나 자신을 뽐내고 싶고 자신의 존재감을 과시하고 싶어 한다. 매사는 자신이 그 중심에 있어야 문제가 해결된다는 착각한다.

10대의 자신 과시욕은 아직 철이 없다고 여겨주고, 20대의 과시욕은 젊은 패기라고 덕담해준다. 하지만 30대의 쓸 때 없는 과시욕은 남에게 인정받기 어렵다. 이건 바로 인생의 굴곡을 예고하며 사업실패, 가정불화, 대인관계 파탄 등으로 연결된다. 40대 자신의 과시욕이 과하면 남에게 배척을 당하며 인생 실패로 이어진다.

20대에 노트북 수리 기술을 배우면 세상을 얻을 것처럼 생각했다. 기술이 습득되면 최고의 일인자가 된 것처럼 자만과 교만에 빠졌지만, 수리 기술은 그냥 먹고 살기 위한 도구뿐이다. 세상은 내 것이 아니며, 수리기술도 최고의 일인자가 아니라는 것을 나이가 들면서 깨달았다. 사람 위에 걷는 사람이 있고, 걷는 사람 위엔 나는 사람이 있다. 수리 분야에서만 봐도 자신보다 훨씬 잘하는 고수들이 많고 내가 어려워하는 분야를 잘하는 사람이 있다는 것도 사실이다.

자신의 능력을 과대평가하고 타인의 능력을 과소평가하다 보면 남들이 하는 것을 나도 할 수 있다고 착각하게 된다. 남들이 잘하는 사업을 보면 나도 잘 할 수 있을 거라는 착각은 자만에 빠져 있기 때문이다.

낮은 자세로 겸허히 배우는 자세가 필요하다. 철저한 계획을 세워야 한다. 그럼애도성공은 보장되지 않는다.

충분한 준비 없이 사업을 시작하는 것은 사업을 실패하겠다고 선언하는 것과 같다.

사업을 꿈꾸고 있는가. 무조건 성공한다는 것은 허황된 망상이다. 설령 잘 나간다고 사업이 잘 된다고, 돈이 좀 있다고 해서 자만에 빠지면 안 된다. 교만해지는 역풍을 맞는다. 항상 겸손해야 하는 것을 잊어서는 안 된다.

제4장
삶은 결코 안락하지 않다

삶은 결코 안락하지 않다.
가중되는 중압감은 누구나 감당하기 힘들다.
삶에 대한 가치관은 달라도 삶에 대한 열망은 비슷하다.
삶은 손익계산서를 작성하여 이득을 따지는 게 아니다.

하지만 지금 우리의 모습은 어떠한 삶인가?
삶의 의미를 찾기 보다 계산하는 데 가깝지는 않은가?

혹시 계산하며 살아온 것을, 생각하며 산다고 착각해온 건 아닐까.
노예나 기계로 전락하지 않고
진정 인간다운 삶을 살기 위해서 우리는 무엇을 할 수 있을까.

고단한 삶에 지친 모습들이 보인다.
그럼에도 품격을 잃지 않고 인간답게 살아가는 데 필요한 것,
우리가 미처 발견하지 못한 양심의 대한 가치를
외면하고 있지 않나 싶다.

거칠고 험한 세상

평화로운 세상이지만 분명 거칠고 어두운 면은 있다. 개개인의 처한 환경에 따라 느끼는 차이는 있을 수 있다.

가까운 사람의 죽음이나 가족의 불행 등 고통스러운 일들이 발생할 때 "왜 내게만 이런 일이 생기지? 왜 나만 이렇게 힘들게 사는지?"라는 생각과 함께 무기력함에 빠지게 된다.

무일푼의 내가 이 세상을 향해 손을 내밀 때 누구도 받아주는 이가 없다면, 세상은 결코 아름다운 것만 아니라는 것을 깨닫게 된다.

그래서 달리기를 했다.

영하 20도의 체감으로 오토바이로 이동할 때 스머드는 찬바람은 나로 하여금 세상의 냉혹함을 알게 했다. 밤낮으로 인두기를 들고 정성껏 수리

를 해도 한 번의 실수로 수리비용보다 배상비용이 더 많았던 경우도 허다
했다.

컴퓨터 수리점이라고 하기 보다는 노트북 수리 전문점이라는 표현이
맞다. 수리실이 1층에 있지도 않고 간판도 없이 입소문으로만 영업을 하
다 보니 전국에서 택배로 보내는 경우가 많다. 그래서 액정이나 케이스가
파손되는 경우가 발생한다. 그러면 무작정 우기는 손님들이 많은데 이건
택배회사나 경찰이 와서 보면 바로 판결이 난다. 택배회사에서도 조사팀
이 나와서 파손 여부를 확인하는데 박스 외관이 파손되면 운송 도중 파손
으로 판결이 나는 경우가 많고 박스 외관은 멀쩡한데 내부가 파손되면 손
님의 책임으로 되어 있는데도 불구하고 계속 우긴다.

또 다른 문제는 노트북 수리를 해서 택배로 보내면 파손이 돼서 왔다고
하고 수리를 맡긴 후부터 이상해졌다고 한다. 이런 경우는 해결점을 찾기
어렵다.

지금은 수리실에 감시 카메라를 설치했다. 수리한 부분은 동영상으로
촬영하고 수리 과정은 사진으로 증거를 남긴다.

누구나 실수를 할 수 있다. 실수를 해결하려고 하기 보다 덮는 데 급급
하다. 잘못된 것에 대해 변명하는 것보다는 실수를 인정하는 게 훨씬 낫
다. 실수로부터 배우는 것이 꼭 있기 마련이다.

인생길에서 살면서 어떻게 수익계산만 하면서 살겠는가? 사소한 이익
에 너무 빠지면 좋을 것이 없다. 판단력도 흐려진다. 결국 감정의 균형을

유지하지 못해 평정심을 잃는다. 자신의 주변 사람과 믿음과 감사하는 마음은 자기 무기력함을 저지할 수 있는 방법 중의 하나다.

윤봉길 의사는 그 험한 세상에서 일제의 핍박에 못 이겨 저 멀리 중국 땅으로 건너가 24살의 나이에 목숨을 바쳤다. "아직은 우리가 힘이 약하여 외세의 지배를 면치 못하고 있지만, 세계 대세에 의하여 나라의 독립은 머지않아 꼭 실현되리라 믿어 마지 않으며, 대한 남아로서 할 일을 하고 미련 없이 떠나가오." 그의 말이 가슴에 남는다.

김순전 할머니는 6·25전쟁 통에 스물일곱에 황해도에서 남편과 이불 한 채 달랑 들고 서울로 내려온다. 장사를 하며 버스비가 아까워 매일 다섯 정거장 거리를 걸어다녔다. 자기자신에겐 한 푼도 아까워하며 모은 돈 100억 원을 연세대에 기부했다. 우리에게 감동을 준 역사교육이다.

외세의 지배를 받으며 서럽게 살았던 우리들의 선열들, 한국전쟁을 겪은 세대에 비하면 결코 지금이 험한 세상이라고 할 수는 없다. 평화시대에 살면서도 치열한 경쟁에 시달리며 매사에 수익 계산을 한다는 것은 우리 스스로가 고단한 삶에 지쳐가고 있기 때문이 아닐까 생각한다.

세상은 원래 그런 곳이다

나는 요즘 매일 밤 늦도록 노트북 수리를 한다. 새벽에는 글을 쓰고 아침 일찍 출근하면 다시 새벽이 돌아오는 삶을 살고 있다. 과연 내가 추구하는 삶은 무엇이며 내가 원하는 세상은 무언인가를 생각해 보면 답을 모르겠다.

퇴근 시간을 넘겨서도 손님이 오면 반갑게 맞이한다. 늦은 시간까지 성실히 수리한다. 손님이 내일 급하게 사용해야 한다면 밤을 새워서도 수리를 한다. 돈만의 문제가 아니다. 책임감이 우선이고 고객이 찾아 준 것에 고마운 마음이다.

지친 몸으로 퇴근하면 쉬고 싶은 생각이 든다. 하지만 피자가게 사장님이 일손이 없다고 하면 오늘 한 번 배달하러 나간다고 죽겠냐는 심정으로 나간다. 캄캄한 밤에 줄줄 내리는 겨울비는 위험하다. 목숨 걸고 달리지만 이것 또 한 돈 문제보다는 인간과의 정 때문이다.

한번은 핸드폰 전화벨이 울렸다. 한 남학생이 노트북 수리에 관해 문의했다. 노트북 고장 원인에 설명해 주고 예약 방문을 약속했다. 며칠 후 그 학생이 왔다. 노트북은 액정이 깨진 상태였다. 학생이라고 저렴하게 해달라는 부탁에 나도 아무 생각 없이 최저의 공인비만 남기고 수리를 해주었다.

정확히 7일 후에 다시 전화가 왔는데 이번에는 다급해보였다. 이번에도 7일 전 교체했던 액정도 깨졌고 노트북을 떨어뜨려서 케이스까지 파손되었다고 했다. 왜 깼느냐고 물어보지는 않았다. 케이스까지 파손되었다면 비용이 많이 발생한다고 했더니 좀 저렴하게 해 달라고 사정했다.

"제가 재수생이거든요. 요즘은 임시직 일도 못 해요. 수리비가 부담되고 부모님에 얹혀사는데 7일도 안 돼서 또 깨지니 도저히 부모님께 비용 말씀드리기 죄송해요. 제발 싸게 해주세요."

어찌 어렵게 배우던 시절 나의 모습이 생각나서 한참 보기만 했다.

"교체는 비용이 비싸고 저렴하게는 수리밖에 없으니 맡겨두고 3일 후에 전화한 후 찾으러 오세요."

이번에 3일 만에 070 번호로 전화가 왔다. 그 학생이 얻는 데 목소리가 조금 떨렸다. 노트북 맡기던 날 핸드폰마저 분실되어 전화가 안 되니 시간 약속을 원했다.

나는 1초도 생각 않고 오라고 했다. 일생에 한 번이라도 발생하기 어려운 일이 이 재수생에게 발생하는 것인지 생각했다. 왜 이 어려운 학생에만 불행하냐는 생각이 이어졌다.

나는 그냥 무상으로 해주기로 했다. 학생에게 인정받으려고 한 것도, 고맙다는 말을 듣고 싶어서 한 것도 아니다. 그냥 이 학생이 지금 얼마나 힘들지 생각했고 어려운 시기를 극복하는데 도움이 되길 바랐다.

전 세계 143개 국가를 상대로 삶에 대한 행복지수 설문조사 한 것을 보았다. 놀랍게도 삶에 대한 행복지수가 제일 높은 나라가 부탄으로 나타났다. 인도와 중국 사이 히말라야 산맥에 자리 잡아 국토 대부분이 해발 2000m 이상 고지대에 있는 부탄은 남한의 10분의 1 정도의 면적에 불과한 75만 명의 인구의 작은 나라다.

나는 너무 궁금했다? 부탄의 국민 100명 중 97명이 '나는 행복하다.'라고 답변한 것은 무엇을 의미하는 걸까?

부탄에 대한 관심이 높아지면서 정보를 찾던 중 우리와는 추구하는 삶의 방식이 다르다는 것을 알게 되었다.

인구 75만 명에 함께 사는 부탄은 자원이라 해야 산림자원이 전부다. 고산지대에 생활편의 시설이 있다고 할 수도 없다. 제대로 된 도로 구축망도 없고, 최소한의 인프라도 구축되어 있지 않다. '가난하지만 행복한 나라' 부탄은 진정으로 삶의 행복에 대해 다시 한 번 생각하게 되었다.

또 한 가지는 부탄 국왕은 국민의 행복을 추구하는 것은 자기의 운명은 본인 스스로 결정해야 한다면서 경제정책도 국민총생산(GDP)합이 아니라 독자 개발한 국민 총 행복(GNH) 지수를 국정 운영의 중요한 척도로 운용했다고 한다.

즉 '국민 총 행복지수'란 물질적인 풍요로움도 추구하지만, 정신적인 풍요로움도 결코 없어서는 안 된다는 게 핵심이다.

부탄 사람들이 느끼는 행복은 도대체 무엇일까? 부탄 정부는 행복이란 '집이나 자동차, 돈을 얼마나 가지고 있느냐'가 아니고, '지금 살고 있고 지금 소유하고 있는 것에 얼마나 만족할 수 있느냐가 행복의 열쇠이다.'라고 설명했다.

인간은 태어나서부터 자기 삶의 환경 개선을 추구하는 본능이 있다. 돈이나 부동산 등을 얼마나 가지느냐를 행복의 척도로 여긴다.

태어나서부터 치열한 경쟁에 내몰려 있고 오직 살기 위해 입시, 취업 등에 전쟁을 치러야 한다. 이뿐만이 아니다. 20대에 취업전쟁으로 기진맥진한 상태지만 앞으로 결혼문제, 주택문제, 육아문제 등이 남아 있다.

인간은 금전적 향유를 추구할수록 그 욕구는 억제하기 힘들다. 잘못된 생각으로 사업에 뛰어들고 벼랑 끝에 자신이 서 있다는 것을 알게 된다. 사업에 실패하거나 인생에 실패하거나 그 결과는 폐허다. 나의 불행은 가족의 불행으로 이어진다.

부탄 사람들이 행복하다고 느끼는 것은 돈이 제일 순위가 아니며 인간관계와 이웃 관계, 가족관계의 평화와 공존이라 생각한다.

아무리 부유해도 그것에 부족함을 느낄 때 스스로를 불행하고 불완전하다고 고민하게 된다. 가진 것 하나 없는 사람도 자기 삶에 대해 만족하고 뿌듯해할 때 비로소 삶에 대해 행복하다고 한다.

누구를 향한 원망인가

인간은 실패를 겪으면 그 원인을 자기 자신보다 다른 곳에서 찾는다. 친구, 가족, 환경 등에서 원망의 대상을 찾는다. 이런 생각에 빠지면 다른 사람의 성공과 행복에 거부반응이 생긴다. 또한 자신에게만 불공평하게 적용된다고 생각하게 된다.

2000년대 초기에 나는 중국 상하이에서 사업을 시작했다. 서울에서의 직장생활은 안정적이고 수입도 괜찮고 가정생활은 행복했고 안락했었다.

지나친 욕심은 참혹한 대가를 치른다. 사회적 분위기상 벤처기업 붐은 뜨겁고 해외진출은 열광적이었다. 성공한 사람들을 보며 들으며 마치 나도 하면 될 것 같은 유혹에서 벗어나지 못하고 창업의 반열에 발을 붙였다.

인구 2500만 명의 거대한 도시 상하이는 멈출 줄을 모르는 도시로 요약된다. 지금도 잊을 수 없는 화려한 야경, 하늘을 치솟은 마천루, 다양한 언어 등이 생각난다.

거대한 꿈을 갖고 서울 생활을 정리하고 상하이로 달려갔다. 컴퓨터 통신 중계 서비스 사업을 시작했다. 한국의 발전한 인터넷 기술을 중국에 전파하고 중국의 IT 사업가들을 하나로 묶어 한국의 주요 사업파트너로 고정하는 사업이다.

하지만 나는 실패했다. 다른 사람들은 성공해서 대기업 반열에 오르기도 했다. 하지만 나는 이를 나의 실패로 여기지 않고 인정하지 않았다. 무엇인가 이유를 대고 나의 비참한 현실을 위로하곤 했다. 세상을 원망했고, 가족도 원망했고, 친구도 원망했다. 자금이 없다는 이유를 찾아 원망했고, 나를 도와주는 사람이 없다며 핑계를 대며 원망했다. 왜 세상은 나에게만 불공평하게 하는지를 따지며 묻기도 했다. 왜 나에게만 실패를 안겨 주냐고 묻기도 했다. 따지고 보면 자신의 능력이 없다는 것을 인정하지 않은 것이고 자신의 무능을 인정하기 싫었다.

사업실패는 애초부터 결정된 것과 마찬가지다. 원대한 사업을 하겠다고 하면서 준비도 없이, 사업계획서 한 장 없이 사업을 한다는 것은 "망하겠다!"라고 선언한 것과 같다. 같은 사업내용으로 다른 사람들이 성공한 것을 보면 나는 무능력였다. 사소한 개인감정에 사무치고 큰 이익은 소홀히 했다. 작은 이익에만 매달리는 나는 사업이 무엇인지도 모르고, 사업할 줄도 모르고, 사업을 해서도 안 되는 실패자다.

자금이 없어 실패했다. 조력자가 없어 실패했다는 것은 나 자신이 자금이 있어도 망했고, 도와주는 이가 있어도 망했다는 것을 나불대는 것과 같다. 이유는 간단하다. 능력이 없기 때문이다.

승자는 이유가 있고 패자는 이유가 없다.

원망과 원한만 가지고 서울로 돌아왔다. 세상이 싫고 사람이 싫어졌다.

가족의 따뜻한 위로도, 친구들의 진심 어림 말도 비웃음의 눈초리로 보는 것 같았다. 아주 잘못된 생각이었다. 스스로를 괴롭혔고 스스로를 파괴하고 스스로를 술독에 빠지게 했다. 사업, 가정, 가족을 잃은 것은 누구를 향한 원망인가? 모두 내 탓이고 스스로를 원망했던 바보짓이다.

어떤 대상을 찾아 원망해서 마음의 위안으로 삼는 것은 정말 어리석다. 나는 삶의 진정한 의미를 깨닫기 전 원망으로 시작해서 원망으로 끝을 맺었다.

이렇듯 원망은 일종의 '생각의 병'이다. 즐거움과 기회를 모두 앗아간다. 게다가 허송세월로 보낸 30대도 다시 돌아오지 않을 것이다. 생명의 소중함, 인생의 소중함, 자신을 낳아주신 부모님에 대한 감사함을 깨달을 때 다시 바닥을 딛고 일어서는 데 많은 시간을 낭비했음을 깨달았다.

나는 건강한 편이었다. 몇 년간 감기 한 번 오지 않는 체질이고 잔병도 없었다. 그래서 건강에 크게 신경 쓰지 않았다. 건강에 이상 신호가 오면 술을 끊고 에너지를 보충하고 충분히 쉬어야 했다. 하지만 매일 원망 속에 사는 터라 술을 물 먹듯 마셨다.

한번은 감기에 걸렸는데 도무지 나을 기미가 없고 기침은 심해졌다. 몸의 불덩어리처럼 뜨거웠고 한 달이 이런 상태였다. 끝내 탈진하여 병원 응급실에 실려 갔다. 온몸이 아팠다. 열이 내리면서 조금 춥다는 느낌에 잠에서 깨니 주변에 혼자가 아니라는 것을 알았다. 가족들이 나를 지키고 있었다. 몸은 땀으로 범벅이 되었다. 어머니가 바로 옆에서 뜨겁고 굵은 눈물을 흘리면서 수건으로 땀을 닦아주셨다.

"괜찮니? 몸도 허약해졌는데 술에 찌들어 사니까 탈진이 왔잖아. 술을 줄이고 정신 좀 차려라."

어머니의 눈물은 나의 마음속에 잔잔한 물결을 일으켰다.

나는 큰 인물도 아니고 가진 것이 없어도 힘들 때 혼자가 아니라는 것을 알게 됐다.

'내가 왜 이렇게 살고 있을까? 왜 어머님을 속을 태우시게 하고 있을까? 왜 의기소침해서 삶의 의지를 잃으면서 살고 있지?'

이렇게 보잘 것 없는 인간이지만 힘들 때 옆에 가족들이 있는 것을 보며 뭉클했다.

마음 속 깊이 엉킨 원한들이 스르르 풀렸다. 바닥부터 다시 시작한다는 생각을 했다. 이것이 지금 가게를 하며 행복하게 살게 된 계기다.

원망은 실패로 가는 길이다. 그런데도 많은 사람들이 원망을 하며 자신의 잘못을 끝까지 깨닫지 못한다. 원망이 삶의 일부가 되면 자기 연민에 빠지게 된다. 원망이라는 것은 마음 깊숙한 곳에 씨앗을 뿌리면 영영 벗어날 수 없게 된다. 원망과 연민은 스스로 무능하게 쓸모 없는 사람으로 만들 뿐 아니라 스스로 피해자로 만들어버린다. 이런 인생은 단언컨대 성공할 수 없고 끝내 모든 것을 잃게 만든다.

삶에 원망해야 하는가?

그럼 물어보라.

"누구를 향한 원망인가?"

원망은 결코 삶에 도움이 되지 않는다.

생각이 모든 것을 좌우한다

모든 것의 시작은 생각이다. 삶은 꿈이 있어야 한다. 하지만 꿈이 있기 전에 생각이란 시발점이 있어야 한다. 생각 없이 꿈은 생기지 않는다. 꿈을 향해 인간은 노력하고 도전한다. 결국 생각이 모든 것을 좌우하는 셈이다.

심리학자들의 연구 결과를 보면 사람은 하루에 6만 번의 생각을 한다고 한다. 그중 약 95%는 어제 혹은 이전에 생각했던 생각의 반복이라고 한다. 나머지 5%도 마찬가지라고 한다. 어떻게 보면 창조적인 생각이 필요하다는 생각이 든다.

누구나 생각이 많을 것이다. 생각과 함께 인생을 살아간다고 해도 과언은 아닌 것 같다.

생각이 세상을 움직인다. 정책이나 경영 등 모든 것이 생각에 기초한다.

노트북 수리할 때도 정확한 생각이 출발점이 되어야 한다. 고치려면 고장 원인, 고장 부품, 수리방법 등을 생각한다. 만일 생각을 잘못해서 수리를 하면 시간만 낭비하고 수리 자체를 망칠 수도 있다.

노트북 수리 가게 초기에 경제적 어려움을 겪었다. 그래서 많은 생각을 했다. 생계문제를 해결할 뭔가를 해야 하고 생각하고 또 생각했다. 결국은 퇴근 후 밤에 배달 일을 생각했고 실행했다.

어느 한 사업가는 자신의 모든 자산을 도시 외곽에 있는 휴양지에 별장 짓는데 투자했다. 원래 매매가 잘되는 지역이어서 별장 사업이 생각대로 진행되기만 하면 대기업 반열에 오를 수 있었다.

그러나 이후 발생할 일은 누구도 알 수 없다. 별장이 완공되자 97년 아시아 금융 위기가 발생했다. 결국 별장은 단 한 채도 팔리지 않았고, 기업은 부도가 났다. 오너는 부자에서 무일푼으로 변했다. 절망에 빠진 그는 과거 찬란하고 화려했던 세월을 생각하며 세상을 원망했다.

"별장 사업을 생각도 않았으면, 추진하지 않았다면 이런 일은 없었을 텐데!"

그러던 어느 날 그의 아내는 초라한 백반 상을 차렸다. 과거 호화로운 생활을 누렸던 그였기에 초라한 밥상은 마음에 들 리 없었다. 배는 고프고 먹기는 해야 하는 그는 마지못해 한 숟가락에 두부점을 함께 입에 쑤서 넣었다. 그런데 간이 적당했고 고소한 두부점이 기가 막히게 맛있었다. 사업을 할 때 그는 아내가 지은 밥을 먹지 못했다. 그는 음식이 맛있어서 밥 한 공기를 비우고 더 달라고 했다.

"여보, 전에는 몰랐는데 이렇게 맛이 있을 줄 몰랐어. 당신을 부인으로 삼은 건 내 생에 제일 잘한 일이야."

부인은 감정을 억누르지 못하고 흐느끼며 말했다.

"당신은 늘 바빴고 집에서 밥 한 끼 같이 먹는 것도 힘들었어요. 또 한 집에는 밥을 해주는 요리사가 따로 있었는데도 당신은 집밥을 거의 먹지 않았죠. 지금 내가 만든 반찬들이 맛있다고 해주니 정말 행복해요."

아내의 말을 듣고 그는 감동했다.

"내가 왜 이렇게 절망속에 있었지? 왜 아내의 음식 솜씨를 몰랐지? 무일푼의 나에게 맛있는 밥을 해주는 아내가 고맙다. 이렇게 좋은 아내가 있고 또한 맛있는 반찬은 매일 먹을 수 있는데 대체 스스로를 피해자로 생각하고 스스로를 불행하다고 생각하며 누구를 원망하고 세상을 원망하며 세상을 등지는 이유가 뭐지?"

칭찬 한마디에 진심으로 감동하고 기뻐하는 부인을 보며 그는 원래 행복이란 이렇게 단순하며, 가정의 소중함은 미래도 과거도 아닌 지금 이 순간에 있다는 생각을 했다.

원망만 하고 세상을 등진 채 자신을 괴롭히며 남탓만 하는 행동이 얼마나 바보 같은지 깨달았다. 물론 지금은 가진 것이 없지만 지금도 여전히 행복하다는 마음에 엉킨 원한들이 풀렸다. 미래를 향해 바닥부터 다시 시작한다는 결심을 했다. 그는 아내에게 이런 제안을 했다.

"여보, 우리 작은 음식점 하나 하자고. 당신은 음식만 만들고 나는 홍보하고 배달까지 하겠어. 힘을 내서 다시 시작하는 거야."

아내도 흔쾌히 받아들였다. 가게를 연 부부는 열심히 일하면서 많을 돈을 벌었다. 물론 예전과 비교하면 비교도 안 되었지만 그는 매일 열심히 일했고 행복하게 인생을 꾸려나갔다.

이 세상에 절대적인 실패란 존재하지 않는다.

"인생은 이제 시작이다!"

생각이 얼마나 중요한지를 다시 깨달았다. 잘못된 생각에서 인생 실패의 맛을 보았고 올바른 생각으로 지금의 나를 다시 만들었다.

인생을 다시 생각하고 자신의 잘못된 습관을 생각하고 또 생각해 보자. 반드시 기회는 다시 찾아올 것이다.

인생정리

죽기 전에 삶을 정리를 해야 아쉬움이 그나마 작아질 것이다. 그런데 기억력이 쇠퇴하는 고령이라면 삶을 정리하는 것이 복잡하고 어려울 것이다. 좀 더 젊을 때 자신의 삶을 정리할 필요가 있다. 정리를 통해 자신을 돌아보고 자신을 조금 더 가까이 알게 되는 시간도 필요한 듯하다.

예전에 친구들과 술을 마시면서 만일 마지막 24시간 주어진다면 뭘 할 거냐고 얘기를 나눈 적이 있다. 죽기 전 마지막 통화를 할 수 있다면 누구랑 통화하고 싶어 물었다. 그러자 자식에게 전화하겠다는 친구들이 많았다.

하지만 나는 내가 평생을 고생시켰고, 내가 사랑하는 아내에게 전화하겠다고 했다.

"나를 만나 평생 고생만 했다고, 가족을 위해 평생 희생만 했다고, 내가 먼저 가서 미안하니까 내가 없을 때 당신이 진정한 삶의 자유를 찾으라고, 남을 위한 삶이 아닌 자신을 위한 삶을 살라고, 남을 사랑하는 삶이 아닌 당신을 사랑해주는 사람을 만나라고…"

이런 말을 하고 싶었다.

생각만 해도 슬퍼지는 삶의 마지막 순간. 생각만 해도 간담을 오싹하게 한다. 지금 생각해 보면 사랑하는 가족과 이별한다는 것, 아직 하고 싶은 일이 많은데 아쉬움이 남는 것, 힘든 삶의 여정을 정리한다는 것이 쉽지 않을 것이다.

생과 죽음은 정해진 것이 아니고 자기 뜻대로 이루어지는 것도 아니다. 어쩌면 정리할 시간도, 생각할 시간도, 전화할 여유도 없이 아무 말도 못하고 마지막을 하기도 한다.

지금 만약 살아갈 시간이 24시간만 주어진다면 내가 살아온 삶을 돌아보고, 글로 정리하고 싶다. 인생 여정에서 제일 많이 하고 싶은 말은 지난 과거에 대한 아쉬움이 아닐까 한다. 인간이 살아가면서 꿈을 꾸었던 것들, 생각처럼 하고 싶었던 일 중 생각해 보면 실제로 꿈이 이루어진 일은 손으로 꼽을 수만 있어도 결코 실패한 인생이라고 말 할 수 없다. 그만큼 뜻대로, 생각대로 잘 안 되는 것이 인생이다.

아쉬움을 글로 쓰자면 평생을 써도 부족하지만 그중에서도 가족에 대한 아쉬움, 내 삶에 대한 아쉬움, 직장, 사업, 사회, 친구 등과 복잡하게 얽힌 대인관계에 대한 아쉬움이 아닐까 싶다.

피는 물보다 진하다는 말이 있다. 성공한 사람들을 보면 가족관계에서도 매우 긍정적이며 조화로운 분위기를 형성하며 가족에 대한 자부심도 최고다.

부모님과의 관계에 대한 아쉬움도 있을 것이다. 어릴 때 함께 부모님의 보살핌을 받으며 동고동락했던 형제들과의 관계에 대한 아쉬움도 있을 것이다. 아주 어렵게 살던 시절에도 부모님은 우리를 위해 헌신하셨고 한없이 사랑을 베풀어주셨다. 부모님에게도 젊은 시절이 있고 예쁘고 아름다운 시절이 있었다. 우리를 위해 힘들다는 말씀도 하지 않았고 아프다는 말씀도 하지 않았다. 이제는 백발이 되어 몸도 가누기 힘든 부모님을 보면 슬픔이 가득하다. 부모님은 돌아가지 않는다고, 늙지도 않는다고, 영원히 우리와 함께 할 거라고, 믿었던 우리는 불효에 대한 아쉬움이 한으로 맺힌다.

새해 첫 날에 어머님께 안부 인사를 올렸다. 집에서 막내로 태어나 위로는 형과 누님이 있다. 어릴 때 형님하고는 4살 차이가 있어 항상 형님의 사랑을 독차지했다. 형님은 나에게 무슨 일이든 양보해 주었다. 시골 마을에서 딱히 놀이터도 없고, 갈 때도 없는 나는 매일 형님 따라 다니곤 했다.

간식이 없던 시절에도 형은 어쩌다 먹을 것이 생기면 항상 나를 먼저 먹으라고 줬다. 이기적이고 배려심이 없던 나는 좋은 일이든 나쁜 일이든 항상 형님 탓을 했다. 언제나 형님에 대한 존경심과 마음은 애틋하다. 살기 바쁜 요즘 세상에 성인이 되고 각자 가정을 돌보면서 바쁘고 지친 삶에 멀리 있는 형님의 안부만 전한다. 애틋한 정을 나누는 가족을 생각하면 마음 깊숙이 찡하다.

이 세상에 올 때부터 저 세상을 가는 과정이 삶이라는 것을 인지한다. 삶과 죽음이 연결되어 있으므로 죽음을 진지하게 마주 할 필요가 있어야 한다. 세상에 살면서 마음을 비우는 것은 지혜롭다. 힘든 일도 웃으며 넘기는 지혜도 길러진다.

제5장
꿈을 펼쳐가는 인생

꿈을 향해 꿈을 펼쳐가는 하루의 시작.
그리고 반성하고 감사하는 마음으로 오늘하루를 정리한다.

실패는 성공으로 가는 과정이라고 했다.
한 번의 실패는 재도약의 기회가 될 수 있다.
꼭 반성하고 감사하는 마음이 있어야 한다.
실패를 겪은 후 깊은 수렁에 빠져 혹독한 대가를 치른 것은
삶의 바닥을 치고 새로운 인생을 주신 것에 감사하고
낮은 자세로 꿈을 펼쳐가는 것을 마음을 다져본다.

사업의 실패, 가정의 실패는 엄청난 변화를 주었다.
누구나 변화에 대한 두려움과 생소함을 가지고 있다.
그러나 변화를 두려워하지 말고 새로운 도전에 당당히 맞서야 한다.
만일 주저한다면 머지 않아 또 다시 실패의 수렁에 빠지게 될 것이다.

두 번의 실수는 있어서는 안 된다.
실패를 줄이는 가장 좋은 방법은 자신을 알아야 한다.
자신을 알아 가는데 있어 최고 좋은 방법은 독서와 글쓰기다.
글쓰기는 삶의 질을 끌어올린다.
꿈을 펼치는데 있어 꾸준히 배우려는 자세와
겸손한 자세, 과거에 대한 반성, 미래를 향한 꿈만 있으면 된다.

나는 언제나 행복하다

나는 예전에 행복하지 않았던 것 같다. 그런데 지금은 매우 열심히 산다. 매 순간 삶의 재미가 보인다. 삶을 온몸을 다해 사랑하니 삶도 나를 인정해주는 것 같다. 지금까지 이렇게 열심히 살아온 적이 있나 싶을 정도로 삶에 대한 의욕은 충만하다.

지금은 매우 행복하다.

요즘 하루 24시간, 몸이 10개라도 부족하다. 하루의 일과는 새벽 5시에 시작해서 다음 날 새벽에 끝난다.

부자는 아니지만 남부럽지 않은 가정환경에서 어린 시절을 보냈고 부모님의 사랑과 형제들의 보살핌을 독점하면서 성장했다. 물론 10대에 아버지를 잃고 가업이 완전히 기울어져 방황했던 시절은 뼈아프다.

아버지와의 이별은 나에게 절대적 영향을 주었다.　그 충격은 지금도 후유증이 있다. 어린 시절에 어머님은 건강악화로 항상 병원에서 있는 모습만 기억에 있을 정도로 엄마의 사랑을 잊고 있었다. 유독 아버지에게만 의지했다. 아버지는 나의 전부였기에 그 충격은 심히 말로 표현하기 어렵다.

　충격은 나의 성격마저 변하게 했다. 참을 수 없는 성격, 불같이 충동하는 성격, 조화를 이루지 못하는 성격이 생겼다. 결국 사업에도 실패하고 가정도 파탄나고 대인 관계마저 어렵게 했다.

　일은 하기 싫고 말만 앞섰다. 매사 작은 이익에만 급급했다. 술에만 의존했다. 이렇게 10년이나 허송세월을 보낸 것이 아깝다. 어느 것 하나 눈에 들어오는 것이 없고, 마음에 평온을 가져오기 힘들고, 모든 것을 주변에 대한 원망과 불만으로 가득해 나만 고립되는 결과만 가져온다.

　노트북 수리를 하면서도 고객들과의 충돌은 빈번히 발생했다. 한 번 술을 마시면 며칠이고 가게 문을 닫고 몸져 눕는다. 고객들과의 약속은 나의 기분에 따라 결정되기도 했다. 이런 식이다 보니 적자를 면하기 어렵고 생활고는 가중된다.

　이러한 악순환의 고리는 계속 돌고 돌았다. 아무리 기술이 좋고 수리를 잘해도 이런 식으로는 모든 고객이 손사래를 친다. 문을 닫는 것은 시간 문제였다.

　이런 괴팍한 성격은 고립을 자초하고, 자신을 어둡고 외로운 캄캄한 방에 혼자 갇혀 있게 했다. 스스로 이중성격으로 만들어 가고 있으며 자연스럽게 혼자만의 세상에 갇히게 되었다. 사회에 대한 불만을 초래하고 결국 사고를 치게 한다. 너무 위험하고 바보 같은 짓을 하고 있었다.

다행히 독서를 통해 나는 변화할 수 있었다. 나를 빛을 볼 수 있게 된 계기가 됐다. 책을 읽으면 이해가 될 때까지 몇 번이고 상관없이 독서를 한다.

한 권의 책을 읽으면 무슨 내용인지 무엇을 말하는지 말할 수 있어야 한다. 다독보다는 한 장의 글을 읽더라도 이해하는 것이 중요하다. 독서는 나에게 살아갈 길을 안내해주었다.

어쩌면 4가지 직업을 가지고 밤낮 가리지 않고 일을 하며 삶의 의지를 표출하고 싶은 것은 아닌지, 허송세월한 것에 대한 미안함을 보충하려고 했던 것은 아닌지, 나도 열심히 살 수 있다는 것을 보여주려고 하는 것은 아닌지, 나도 능력 있고 책임감도 있고 정상적인 사람이고 인정받고 싶었던 것은 아닌지 생각하게 된다.

열심히 살면서 나 자신을 바라보게 되었고 삶의 의미를 하나하나씩 알아가고 있다. 그 과정의 열쇠는 글쓰기다. 글쓰기를 통해 나를 보았고, 글쓰기는 나를 변하게 했다. 글쓰기는 세상을 보는 눈을 다르게 했고, 글쓰기는 나 자신을 소중함을 알게 해주었다.

내 마음 속 열정

살아갈 의욕마저 없던 힘든 시기를 보내고 다시 세상에 다가갈 때 조금 두려웠다. 허송세월한 시기는 바로 열정이 없었기 때문이다.

인생에는 열정을 빼 놓고 이야기할 수 없다. 열정은 우리에게 의욕과 자부심, 도전정신을 준다.

노트북 수리를 배울 때 일이다. 무일푼인 나는 누가 어떻게 하라고 시킨 것도 아닌데 아침 일찍 이태원에서 남영동까지 걸어서 출근했다. 뭐라고 할 것도 없이 사무실 청소며 책상 위 공구들을 정리정돈했다. 설거지도 싫은 내색 없이 했다. 그렇게 기분 좋게 출근 전 준비를 했다.

모든 전자 제품 수리를 위해서는 제품분해가 기본이다. 분해가 수리의 시작이라면 조립은 마무리다. 그런데 분해하는 손동작만 봐도 초보자인지 기술자인지 한 눈에 볼 수 있다. 분해에도 요령이 필요하기 때문이다.

힘으로 하면 파손이 되고 힘이 부족하면 분해가 안 된다. 이것도 반복적인 연습이 필요로 한다.

기술자 선배님들이 퇴근하면 혼자 남아서 제품 분해 및 조립을 반복적으로 연습했다. 처음 분해를 배울 때다. 선배님이 분해하고 조립을 하는 모습을 보면 너무나도 자연스럽고 쉬워 보였다. 생각도 없이 작업하는 것처럼 숙련되었고 멋있게 보였다.

노트북 하나를 분해하는 것도 벅찼다. 혼자 끙끙대며 겨우 분해를 하면 조립이 걱정이다. 조립 시 나사못을 하나라도 잘못 박으면 망가질 수도 있고 조립할 수 없기 때문이다. 처음에는 종이에 제품 도면을 그리면서 분해하고 조립했다.

하나를 알면 열 개를 안다고 했던가. 열정이 가르쳐 준 것 같다. 예컨대 배움에 있어서 섬세함은 필요한 조건이다. 반복적인 연습, 배우려는 자세, 의지, 인내심은 열정이 없으면 불가능하다는 생각이 든다.

하나씩 기술을 배워가며 퇴근 후 텅 빈 사무실에 혼자 남는 날도 많아졌다. 일찍 출근해서 늦게 퇴근하는 모습은 그때 생긴 습관이다.

생애 처음 배달 일을 할 때를 생각한다. 열정이 없었다면 포기했을 것이다. 아마도 지금의 삶도 포기했을 것이다.

음식이 식기 전에 배달하는 것은 목숨을 걸고 하는 것이다. 교통신호를 무시하고 건널목을 건너며 골목골목 누비며 배달하는 목적은 돈을 주고 음식을 주문한 고객들에게 빠르고 맛있는 음식을 배달하기 위해서다.

추운 겨울에 걸어서 다녀도 추운데 차디찬 바람을 맞받아치며 오토바이를 운전할 때 느끼는 체감 온도는 최소 십여 온도의 차이가 있다.

봉천역에서 난향동 휴먼시아 아파트까지 오토바이로 운전해도 10분 이상이 걸리는 먼 거리다. 눈길에서 5분 이상 운전하면 손발이 마비되듯 무감각해지며 얼굴은 칼에 베이듯 통증을 느낄 정도로 고통스럽다.

삶에 대한 열정은 삶에 대한 의욕을 갖게 하고 아무리 어려운 위기도 버텨내는 원동력이기도 하다.

글쓰기에도 열정이 있어야 한다. 좋은 글, 멋진 글을 지으려는 열정은 베스트셀러는 보장하지 못해도 감동은 보여 줄 수 있다.

지금도 아무리 피곤하고 힘들어도 매일 3시간 이상의 시간을 투자하며 글을 쓴다. 누구는 이렇게 말할 수도 있다.

"힘든데 무슨 글쓰기냐? 글을 쓰면 돈이 나오느냐?"

누구의 지시에 따라 글을 쓰는 것도 아니고 힘들다고 글을 쓰는 것을 포기하는 것도 아니다. 열정으로 글을 쓰는 것이다.

노트북 수리를 하면서 기술력만 있어서는 좋은 기술자라고 인정받지 못한다. 기술에 앞서 신의가 중요하다. 대인관계에서 신의를 보여주는 좋은 방법은 한번 약속은 꼭 지켜야 한다. 겸손한 자세와 정성이 필요하다.

또한 믿음을 주는 가장 좋은 방법은 올바른 양심을 지키는 것이다. 신의도 좋고, 약속도 좋고, 겸손도 좋다. 믿음과 양심을 지키는 것은 열정적인 정신과 열정적인 책임감이 있어야 한다.

열정이 없었으면 오늘의 삶도 없을 것이고 어려운 시기도 극복할 수 없었다. 열정은 실패한 사람도 성공하게 한다.

어쩌면 겉으로 보기에 그 사람들이 열정적으로 사는 것처럼 보일지 모르지만 그런데 열정적으로 살기보다는 옆구리에 치이면서 살고 있지 않나 싶어 열정적이라는 말로 포장이 되어 삶을 살고 있지는 않나 우리 스스로를 한번 생각해 보기 바란다.

어머니, 나의 어머니

요즘 기력이 없고 연로하신 어머니를 뵈면 어린 시절 기억들이 필름처럼 돌아가면서 많은 생각에 잠긴다. 남들은 어머님의 깊은 주름살이 싫다고 하지만 나에게는 아름답고 예쁜 주름살로 보인다.

남들은 식사할 때 가끔 밥알을 흘리며 침을 흘리는 어머님을 추잡하다고 할지 모르지만, 나에게는 소중한 어머님의 침이다.

어린 시절 우리도 밥알을 흘리며 침도 흘리고 콧물도 흘렸다. 하지만 어머니는 더럽다고 생각하지 않고 닦아주었다. 어머님의 울퉁불퉁한 거친 손, 도랑처럼 깊이 파인 주름은 세월의 흔적이고 우리를 낳아주시고 키워주시고 지켜주신 손이다.

누구나 어린 시절을 보내고 청소년 시기를 거치고 중년이 되며 세월의 시간을 거역 할 수 없는 노년을 맞이하게 된다.

'남자의 인생은 40부터이다.'라는 말이 있다. 그만큼 사회적 역량이 크고 활동력도 크다. 40대는 득의양양하게 자기만의 권위를 자랑한다. 그래서 이 세상에 태어나고 성인이 되면서 마치 자기 힘으로만 성공한 것처럼 왜곡한다.

어머니는 늘 걱정하신다.

"애야, 운전 조심해라".

"애야, 천천히 먹어라. 체할라."

"애야, 추우니 옷을 많이 입어라."

별걱정을 다하신다고 했던 나다. 그래도 듣기 싫지는 않다. 이제 들을 수 있는 날이 얼마 남지 않은 것 같다.

연말연시에 어머님께 말씀을 올렸다.

"어머니, 건강하시고 오래사세요."

"애야, 네가 건강해야 이 어미도 건강하고 네가 행복해야 이 어미도 오래 산다."

즉 자식이 살아있어야 부모도 살 수 있다는 뜻이다. 불효를 하고 있다는 생각에 머리를 숙였고 마음이 짠해지면서 가슴이 쓰렸다. 나는 진심으로 사랑하는 어머님이 장수하길 바라기 때문이다.

어머니는 강하셨고, 우리를 키우고 우리를 있게 한 것은 어머니였다. 어머니는 노역자인 동시에 창조자이기도 하다.

우리 어머니의 가슴은 바다와 같다. 우리의 모든 잘못도 받아주셨다. 불효에도 어머니는 불만 한번 표출 하지 않았다.

어머니는 자식을 위해서 말없이 희생하셨다. 받는 것보다는 베푸는 것을 운명처럼 생각하며 살아오셨다. 그래도 어머니는 내색 한 번 하지 않으셨다.

나는 어머니가 무병장수할 것이라고 믿었다. 아프시다고 병원에 간다는 말을 한 번도 들어보지 못했다.

어머니를 생각하면 포근하며 따뜻하고 든든하다. 그래서 가장 힘들고 절망적일 때 어머니를 부르며 어머니의 가슴에 안기기를 갈망한다.

부모가 되고서야 부모의 마음을 이해할 수 있었는데, 부모는 우리를 기다리지 않는다.

우리가 어머니를 필요할 때 늘 우리의 곁에 있었고. 어머니가 우리를 필요할 때 우리는 늘 바쁘다고 했다.

우리가 철이 들고 어머니의 곁에 있겠다고 하는데 부모는 곁에 없다. 우리를 기다리다 지쳐서 먼저 가셨다. 그러니 있을 때 잘해드려야겠다.

어머님의 위대함을 잊지 말아야 한다. 천하를 다스리는 남자도, 어머님의 뱃속에서 10개월을 잉태하여 낳았다.

그래, 이제부터 시작이다

'오르막길이 있으면 내리막길이 있다.'

사람이 살다 보면 잘 나갈 때도 있고 잘 못나갈 때도 있다. 그리고 일이 잘 풀릴 때도 있고 일이 잘 안될 때도 있다.

단연코 삶의 여정은 쉽지 않을 거라고 알고 있었다. 인생의 주인공은 자기자신이다. 정신적 강박감과 육체적 피로감은 개인이 살아온 정서에 따라 차이는 있을 것이다. 하지만 누구나 삶의 강박함에 피로감에 지쳐 있다.

어릴 때 누군가 나에게 이런 말을 물어보았다.

"넌 커서 뭘 하고 싶어?"

나는 아무 대답도 안 했다. 질문의 뜻을 몰라서가 아니라 하고 싶은 것은 많은데 어떤 것을 해야 할지를 몰라서다.

어린 시절에는 부모님과 형제들의 사랑과 보살핌에 부족함을 몰랐던 나는 마냥 즐거웠고 영원이 그렇게 사는 줄만 알았다.

지금도 기억이 생생하다. 어린 시절 호기심에 끌리는 것 당연하다. 하고 싶은 것도 많고 욕심도 많았다. 유독 민속장기, 바둑을 좋아했다. 교사, 기자, 소설가 등에 관심이 있었다.

기억을 되돌려 소풍을 가던 날 이른 아침에 엄마가 사 주신 김밥을 생각해 보면 그 시절이 한 장의 만화 같다.

인간은 어려움에 부딪혔을 때 스스로 작아지는 경향이 있다. 바둑을 두면 초고도 집중력으로 게임에 임하고 수익 계산도 더 많이 더 멀리 해야 한다. 정확한 판단력으로 형세를 짚어야 하고 상대의 수를 읽어야 한다. 완벽하게 수익계산을 해도 승부 세계에서는 승자와 패자로 나눈다. 치열하고 냉혹한 현실에서 승부에만 집착한 나머지 너무 완벽주의가 스스로를 패배로 이어지지 않았나? 우리가 잊고 있던 것은 아닌지 생각해 본다.

노트북 메인보드(PCB기판)회로를 수리하다 보면 고도의 집중력으로 회로 찾고 고장의 원인을 찾아 수리하는 과정은 감히 '장인정신'이 보인다 해도 과언이 아니다. 예컨대 멀쩡한 노트북이 갑자기 전원이 안 들어온다고 하면 수십 만 개의 전자 IC 부품들로 구성된 메인보드에서 고장의 원인을 찾는 것은 망망대해 바다 한 가운데서 바늘 찾기와도 같다. 또한 아주 작은 공간에서 숨소리조차 내기 힘든 조용한 공간에서 오랫동안 적응하다 보니 어느새 '장인정신'이 깃들여 졌다.

일하면 항상 완벽하게 해내려고 했지만 시간에 쫓겨 결국 이것도 아니고 저것도 아닌 뒤죽박죽으로 일을 제대로 하지 못하고 끝내는 경우가 있었다.

일을 깔끔하게 마치면 다른 사람들에 비해서 엄청난 보상을 받을 수 있다고 착각했다. 그러나 현실적으로 그런 보상을 받거나 인정받는 일은 절대적으로 존재하지 않는다. 삶에서 절대적으로 치명적인 단점이다.

노트북 메인보드를 수리하면 어떻게든 수리해서 고객에게 전달하고픈 압박에 못 이겨 밤을 새우는 것도 일상이 된지 오래다. 복잡하게 고장 난 메인보드는 몇 주에 걸쳐 수리가 되곤 한다. 수리하면서 모든 기술력을 총동원해 이 방법, 저 방법 할 것 없이 모든 방법을 총동원해서 수리하면 어느새 밤은 가고 아침이 온다. 피곤함에 지쳐 집중력이 떨어져 수리도 안 되고 시간만 낭비하기도 했다. 이러한 악순환은 직업상 어찌할 방법이 없다. 하지만 나중에 이것은 좋은 방법이 아니라는 것을 깨달았다.

전문가들이 빠지는 함정이 아닐까하는 생각이 든다. 노트북 메인보드 수리 분야에서 만큼은 가능한 최고의 모습, 최고의 기술력을 갖춘 완벽한 모습을 보여야 한다고 항상 자기주입을 해왔다. 또한 그 완벽함을 채우기 위해 필사적이고 헌신적으로 노력해 왔다.

예를 들면 고객님이 급해서 노트북을 내일은 꼭 사용해야 한다고 하면 '장인정신'을 가진 나는 물리적 시간상으로 고객이 요구한 시간에 맞출 수 없어도 전문가라는 체면 때문에 대답하고 바로 수리를 진행하는 경우가 많았다.

먼저 접수된 노트북 수리는 일단 제쳐두게 되었다. 쫓기는 시간 동안 복잡하게 고장 난 노트북 메인보드는 고쳐보려고 했다. 하지만 쉽게 수리가 되지 않았다. 밤잠도 설치며 온갖 수리 기술을 동원해도 시간이 부족해 수리를 포기한다. 이러한 일들은 심각한 신뢰문제가 되어 영업에도 부정적인 요인으로 적용됐다. 이런 방법은 아닌 것을 깨닫고 다시 하지 않았다.

남들의 기술력 평가에도 신경 쓰지 않았고 급한 수리도 수리과정의 시간적 물리적 이유를 침착하게 정확하게 설명을 하고 접수를 거부하기 까지 했다. 시간에 쫓겨 부실수리하는 일이 생겨서는 안 된다. 여유를 갖고 최고의 수리를 하고자 노력했다. 결과는 놀랍도록 달라졌다.

급한 고객도 받아들였다. 복잡한 노트북 수리는 시간적 여유가 따라주면 만족한 결과를 가져온다. 이는 곧 고객의 만족으로 이어졌다. 입소문이 나서 고객은 더 많아졌다.

남들이 기술력을 인정해주든 안 해주든 개의치 않았다. 고객과의 대면에서도 유연하게 했다. 기대치를 낮추고 마음을 내려놓으니 마음이 한결 편해지고 대인관계에서도 자신만의 자유로움을 찾게 된 것이다.

힘든 곤경에 빠지거나 매우 어려운 처지에 있을 때 두려워하지 말고 언젠가는 희망의 빛을 보게 될 것이라고 당당하게 맞서야 한다.

중요한 것은 인생 삶에서 자신의 욕구를 내려놓느냐 못 놓느냐에 있지 않나 싶다. 욕구를 비워버리면 인생은 다시 시작할 기회가 주어진다.

그래, 이제부터 시작이다.

힘든 여정을 걸어 지금까지 왔다. 어렵고 힘들고 무거운 짐을 지고 여기까지 왔다.

마음을 비우고 욕심을 비우니 인생이 한결 가벼워진다.

인생은 이제부터 시작이다.

시간을 되돌릴 수 있다면

가끔 지쳐서 쉬고 싶을 때가 있다. 돌아가는 시간을 정지하고픈 마음도 있을 거고, 예전에 행복했던 시절로 돌아가고 싶을 때가 있다.

어쩌면 지금껏 살아온 삶에 대한 실망과 불만이었을 수도 있다. 사람이 살다 보면 수없이 많은 생각과 고민 끝에 일을 처리하지만 그래도 마음에 들지 않는 부분이 있다.

인간이 살아가면서 난관에 부딪혔을 때 혹은 매우 어려운 일에 겪을 때 자신의 능력으로 문제해결이 안될 때가 있다. 그러면 현실을 외면하거나 자포자기 심정으로 주저앉는다.

또 살아온 과거에 대한 미련이나 삶에 대한 피로감 등의 이유로 과거에 집착하게 되고 과거로 돌아가고 싶어진다.

정말 시간을 돌려서 인생을 다시 시작한다면 지금과는 다르게 살 수 있을까?

하지만 그렇게 돌아간다고 해도 지금과 같이 살 확률이 높다는 연구결과가 있다.

과거는 과거일 뿐이다. 과거를 통해 교훈을 얻고 지혜를 갖자. 아직 늦지 않았다. 자신이 할 수 있는 능력을 최대한 발휘해서 뭐라도 노력하고 도전한다면 지금 보다는 훨씬 더 좋은 결과가 나올지도 모른다.

살다 보니 과거가 부끄럽다. 잘못된 부분에 대한 후회가 한두 가지가 아니다. 진짜 울고 싶다.

"왜 이렇게 살아왔을까?"

"조금만 더 참고 그냥 스쳐지나 갈수도 있는데 왜 굳이 일을 이 지경까지 만들었을까?"

후회가 밀려온다.

"왜 나의 삶은 개선되지 않고 만년 피곤한 삶을 살고 있을까?"

아무리 호소해도 소용없다.

현재는 있고 과거는 없다고 생각하는 것도 좋다. 과거를 바꿀 수도 없다. 현재 지금이 중요하다. 70살이 되도 당장 내일이 죽는 것도 아니기에 지금에 충실하며 열심히 살아가야 후회하지 않을 수 있다. 후회하느라 노력할 시간도 줄어든다.

후회는 자신의 실수, 자신의 잘못으로 비롯된다. 사람은 누구나 실수를

155

할 수 있다. 실수를 해서 안 되는 것이 아니라 실수를 하면 그것을 인정하고 다음에 개선하는 것이 중요하다.

살아오면서 어디 한두 가지 실수만 했겠는가? 수없이 했다. 어떤 실수는 타인에게 치명타를 안겨주고 어떤 실수는 다시는 돌아오지 못하는 강을 건너기도 한다. 이제는 자신의 실수도 인정하고 남의 실수도 인정하는 것을 보면 실수에 대한 생각도 조금씩 달라지는 것 같다.

인간이라 어쩔 수 없는 것 같다. 지금도 힘들 때 시간을 되돌릴 수 있다면 행복했던 시절로 돌아가서 시간을 정지하고 싶다. 어쩌면 지난 무모한 삶이 나의 어깨를 짓눌러있는지 모르겠다.

육체적 정신적으로 힘든 생활에 지쳐 있는 모습이 어쩌면 시간을 되돌리고 싶은 이유인지도 모르겠다. 사실 후회가 없다고 말하고 싶다. 후회를 안 할 거라고 말하고 싶다. 그런데 눈만 감으면 후회가 되는 일들이 머릿속에 맴돌고 있다. 너무 많은 후회가 오히려 어떤 후회부터 해야 할지 모르겠다.

힘들 때 후회를 많이 한다고 한다. 특히 죽음을 앞둔 사람들이 후회하고 후회를 통해 인생정리를 한다고 한다. 그만큼 삶이 파란만장하고 우여곡절이 많으며 인생의 꼭짓점에 '후회'만 있다는 말도 틀린 말은 아닌 것 같다.

자괴감에 빠져 허송세월을 보내고 후회만 하던 시절보단 긴긴 터널을 지나 꿈을 갖고 높은 산비탈 길을 올라가는 지금은 노력하고 도전하는 모습 삶의 소중함을 알고 열심히 살아가는 모습이 후회보단 긍정적 마음이 앞선다.

　사람이 평생을 살면서 단 한 번의 후회 없이 살아가는 사람이 있을까? 단연코 존재하지 않는다. 사람이 평생을 살면서 단 한번의 실수 없이 살아가는 사람은 없을 것이다.

　과연 사람은 세상에 살아가면서 얼마나 후회를 하고 살까? 얼마나 많은 사람이 실수를 적게 하고 살아갈까? 아마도 살아오면서 수없이 후회하고, 수 없는 실수를 범하지 않았나 싶다.

　이것이 인간이다. 인간이 살면서 겪는 인생의 삶이다.

　후회했던 일을 통해 삶의 지혜를 얻어 현재에 노력하고 미래에 도전하는 모습이 후회를 줄이는 제일 좋은 방법이지 않을까 싶다.

　삶의 소중함을 깨닫고 인생정리를 통해 나를 알면 실수를 줄이면 후회도 줄일 것이고 설사 나중에 후회를 하더라도 최선을 다했기에 후회는 없다고 말하고 싶다.

　시간을 되돌리고 싶을 때 자신의 삶을 되돌려보는 것도 삶에서 좋은 방법인 것 같다.

마치는 글

　우주가 탄생하고 지구에 인류가 생존하면서 인간에게 끊지 않는 두가지 전쟁이 있다. 하나는 인간 대 자연과의 전쟁이고 다른 하나는 인간 대 인간과의 전쟁이다.

　인간이 인간을 미워하고, 인간이 인간을 혐오하고, 인간이 인간을 비교될 때 인간은 전쟁을 멈추지 않는다. 역설적이기도 인간은 인간을 비교하며 인류가 발전해왔고 문명이 탄생했다.

　수많은 갈등 속에 멈추지 않는 전쟁 중에도 인간은 아름다운 세상, 사람 사는 세상을 향해 노력해 왔고 힘써 왔다.

　김수환 추기경은 "버림받은 모든 사람이 빵 만으로서가 아니라 인간으로서 회복될 때, 인간적으로 존중되고 사랑 받을 때, 인간으로서의 긍지와 자유를 되찾을 때 세상은 정말 밝고 따뜻해질 수 있다."라고 말했다. 어쩌면 우리 인간이 추구하는 세상, 갈망하는 세상이 아닐까?

인간은 탐험가이며 도전자이며 창조자이다. 하지만 인간은 살아가면서 어려움에 부딪혔을 때 회피하려는 본능이 있다. 그렇게 한다고 해서 문제가 해결되는 것이 아니라 문제를 더 키워서 해결할 의지마저 상실하게 된다.

모든 것을 가질 수는 없다. 하지만 모든 것을 포기하라는 뜻은 아니다. 살다 보면 어쩔 수 없는 현실에서 꿈을 하나 접었다고 모든 것을 접었다는 뜻은 아니다. 아주 소중한 하나를 포기함으로써 지켜지는 것이 더 많아 질 수 있다.

소중한 하나를 포기하면서 우리는 이미 많이 소유하는 것의 소중함을 깨달아야 한다. 곁에 있을 때는 모르지만 잃고 나면 그 소중한 가치를 발견하게 된다. 반면 이미 소유하고 있는 수많은 소중한 가치들을 지키기 위해 무엇을 어떻게 해야 하는지를 깨닫게 된다.

좌절이나 실패를 모르고 자란 아이는 성인이 되어서도, 좌절이나 실패를 두려워하게 된다. 좌절이나 실패를 견디는 방법을 모르고 살아왔기 때문이다.

세상은 원래 자신이 아는 만큼 보이기 때문에 자신의 자부심과 시야를 넓혀나가도록 최선을 다해야 한다. 이런 노력이야말로 스스로를 곤경에서 벗어나게 하는 가장 좋은 방법이다.

무거운 짐을 내려놓을 때 비로소 마음이 가벼워지고, 마음의 응어리를 비우면 마음이 편해지고 자신을 버릴 때 인생의 꽃이 펴진다.

　"살면서 남을 미워하면 본인도 미움을 받게 되고, 살면서 인간을 비교하면 본인이 불행해진다."